東京の鉄道遺産

百四十年をあるく

上 創業期篇

山田 俊明

けやき出版

橋

下：美しい万世橋高架橋（p96）

左上：架線柱にも特徴のある隅田川橋梁（p131）

左中：第１浅川橋梁近くの用水路に設けられた赤煉瓦アーチ橋（p45）

左下：120 年の風雪に耐えてきた多摩川橋梁の橋脚と錬鉄製の桁（p35）

トンネル

右：湯の花トンネル（p45）

左上：小仏トンネルの排煙装置の遺構（p47）

左下：御所トンネルと総武線電車（p57）

中央改札

若葉眼科病院

田園調布駅

煉瓦造形

右上：旧下河原線のレールが埋め込まれている箇所（p118）

右下：まぼろしの東京高速鉄道新橋駅（p183）

左上：銀座に残された唯一の踏切警報機。この前の道路が廃線跡（p28）

左下：旧新橋停車場の０哩標識（p22）

旧跡

駅

右上：上野駅中央改札口上の大壁画「自由」（p110）

右中：ホームも駅舎もレトロな雰囲気の矢口渡駅（p147）

右下：復元された田園調布駅舎（p143）

左：今も開業当時のアーチ状の飾り窓を見ることができる東武鉄道浅草駅（p130）

右：凝った装飾の昌平橋駅跡（p94）

左上：完成時の美しさがしのばれる、内幸町橋高架橋の見事な造形（p81）

左下：飲食店や映画館が入っている日陰町橋高架橋（p81）

左上：円形の飾り格子が印象的な、稲荷町駅浅草方面行き出入口の上屋（p170）

左下：天井や照明にもこだわりがあり、感心させられる浅草駅吾妻橋側出入口（p174）

右上：連続コンクリートアーチの第一佐久間町高架橋（p105）

下：松住町架道橋から神田川にかけての鉄道大パノラマ（p107）

造形美

東京の鉄道遺産　百四十年をあるく

上＝創業期篇　【もくじ】

完成時の美しさがしのばれる見事な造形／第一有楽町橋高架橋

第2章　市街高架線は巨大な東京遺産

第3章　私鉄の発達と郊外への夢

第4章　地下鉄浪漫

まえがき

東京は世界の大都市の中でも、鉄道の存在感が極めて大きな都市で、鉄道都市と呼んでも差し支えないだろう。鉄道路線さえ頭に入れてしまえば、どこでも自由自在に歩くことができ、鉄道が都市の座標軸としての役割も果たしている。一方、道路には名前のついていないところが多く、たとえ名前がついていても、街角に道路名の表示がほとんどないこともあって、現在地の把握さえ難しい。

もし、鉄道がなかったなら、今日の東京は成り立っていないと考えてよいだろうし、東京という巨大都市の都市インフラ（社会基盤）として、鉄道の存在が極めて大きなものであることは論を待たない。鉄道はまた、東京を名実ともに首都たらしめる上でも大きな役割を果したといえる。「汽笛一声新橋を」発車した汽車は、全国にネットワークを広げて首都東京への人や物の移動を容易にし、近代的中央集権国家の形成を支えたからである。

近年、日本の近代化に貢献した産業遺産への関心が高まっている。東京駅丸の内駅舎や勝鬨橋など、国の重要文化財に指定される構造物も増えてきた。東京の近代化遺産の代表格といえる鉄道遺産に注目し、どこに何が残っているのか、それはどんな意味があるのか、探ってみることは、大いに意義のあることではないだろうか。

堅苦しく考えることはない。鉄道遺産は、日常目にする風景の中に潜んでいるので、ちょっとした好奇心をもって歩いてみれば、現代の東京とは別の東京が見えてくる楽しみもある。実際にそのモノを日の当たりにすると、文献では得られない何かを感じて、わくわくした気分になることもある。その何かとは、モノに込められた先人の夢とロマンかもしれないし、そこに染みこんだ涙や汗の匂いかもしれない。

東京の鉄道遺産は近代都市東京の記憶装置でもある。それらが存在することによって、東京のあゆみを肌で感じることができるのだ。休日にはぜひ、鉄道遺産探訪という、ひと味違う東京歴史散歩に出かけてみてはいかがだろうか。本書がその手引きとして、少しでもお役に立つことができれば幸いである。

二〇一〇年三月

山田俊明

第1章　鉄道創業の地を歩く

最古の駅、品川とその界隈

鉄道遺産探訪は品川から

最初に開業した駅

「汽笛一声新橋を…」で始まる鉄道唱歌。誰しもご存知のこの歌詞のごとく、日本の鉄道の起点といえば新橋という時代があった。その新橋駅が誕生したのは一八七二（明治五）年、すなわち、わが国最初の鉄道が新橋～横浜間に開業した年である。

新橋～横浜（現・桜木町）間の鉄道開業式典は、九月一二日に挙行された。当時は太陰暦が採用されていたので、九月一二日を太陽暦に直すと一〇月一四日となり、後にその日が鉄道記念日（現在は「鉄道の日」）となった。営業運転はその翌日から開始されたと記録されている。しかし、その日がわが国最初の鉄道営業開始日かといえば、実はそうではない。同じ年の五月七日（太陽暦では六月一二日）、ひとあし早く駅舎等の設備が完成していた品川～横浜間が仮開業しているからである。仮開業当日は二往復の旅客列車が運転され、翌八日からは六往復となり、さらに七月八日からは八往復に増加したと記録されている。したがって、東京都内で最初に開業した駅は新橋ではなく、品川ということになる。そこで、まずは品川から東京の鉄道遺産探訪を始めることにしよう。

品川駅創業記念碑

現在の没個性的品川駅舎から、創業の歴史を感じ取ることは難しいが、駅前に立つ「品川駅創業記念碑」が、最古の駅であることを教えてくれる。碑の裏側に、仮営業開始日である五月七日の「鉄道列車出発時刻及賃金表」が刻まれており、上りは横浜発午前八時と午後四時、下りは品川発午前九時と午後三時のそれぞれ二本、所要時間はいずれも三五分とある。片道運賃は「上等壱円五拾銭、中等壱円、下等五拾銭」だ。この碑は、一九五三（昭和二八）年に、品川駅改築落成祝賀協賛会の手で建てられたものである。開業当時の品川駅は、現在地より南の八ツ山橋付近にあったので、碑の立っている場所が開業当時の駅前というわけではな

品川駅創業記念碑

い。しかし、創業当時の駅施設が何も残っていない現状では、この碑の存在は貴重である。

品川駅は、二〇〇三年一〇月の新幹線駅新設に際してリニューアルされ、駅中にお洒落な飲食店や商店がたくさんできて、ますます最古の駅というイメージから遠くなってしまった。しかし、在来線だけでも予備ホームを含めて八本ものホームがあり、それらがずらりと並んだ様は壮観であり、この駅がただものではない匂いを漂わせている。

山手線ここに始まる

ホーム上にも、ちょっとした見所がある。あまり気づく人はいないようだが、山手線内回り電車が発着する一番線ホーム上には、ゴジラのイラストを描いたタイルが張られていて、「鉄道発祥の地」という文字が添えられている。最古の駅という意味だろうと思いながら眺めてみると、「Since1885」という文字が記されていて、とまどってしまう。一八八五年は明治一八年であり、鉄道創業の明治五年とは一三年の時差がある。表示が間違っているのではないかとさらによく見ると、「山手線0㎞」という文字があるので、合点がいく。ここは山手線の起点駅で、一八八五年は山手線の開業年なのだ。紛らわしい表示ではある。

このイラストのすぐ前の線路脇に0キロポスト（起点からの距離が0と表示された距離標柱）が立っているが、これは山手線のもの。品川はただの中間駅ではない。ご存知の方も多いと思うが、山手線の電車は環状運転をしていても、その全区間が山手線というわけではなく、線名区分としての山手線は品川～池袋～田端間で、田端～東京間は東北本線、東京～品川間は東海道本線の上を走っているのだ。開業時には品川～赤羽間を品川線と通称し、一九〇三年に開業した池袋～田端間は豊島線と称した。一九〇九（明治四二）年に鉄道院が告示した「国有鉄道線路名称」により、両者および大崎～大井間の貨物線を合わせて山手線と呼ぶようになったのである。一九七二（昭和四七）年七月一五日に池袋～赤羽間が赤羽線として分離独立したため、山手線は品川～池袋～田端間となって今日に至っている。

五、六番線（東海道上りホーム）の新橋寄り先端部分にも、面白いモニュメントがある。電気機関車の動輪と鐘を組み合わせたもので、品川駅一三〇周年記念に設けられた安全祈念碑で

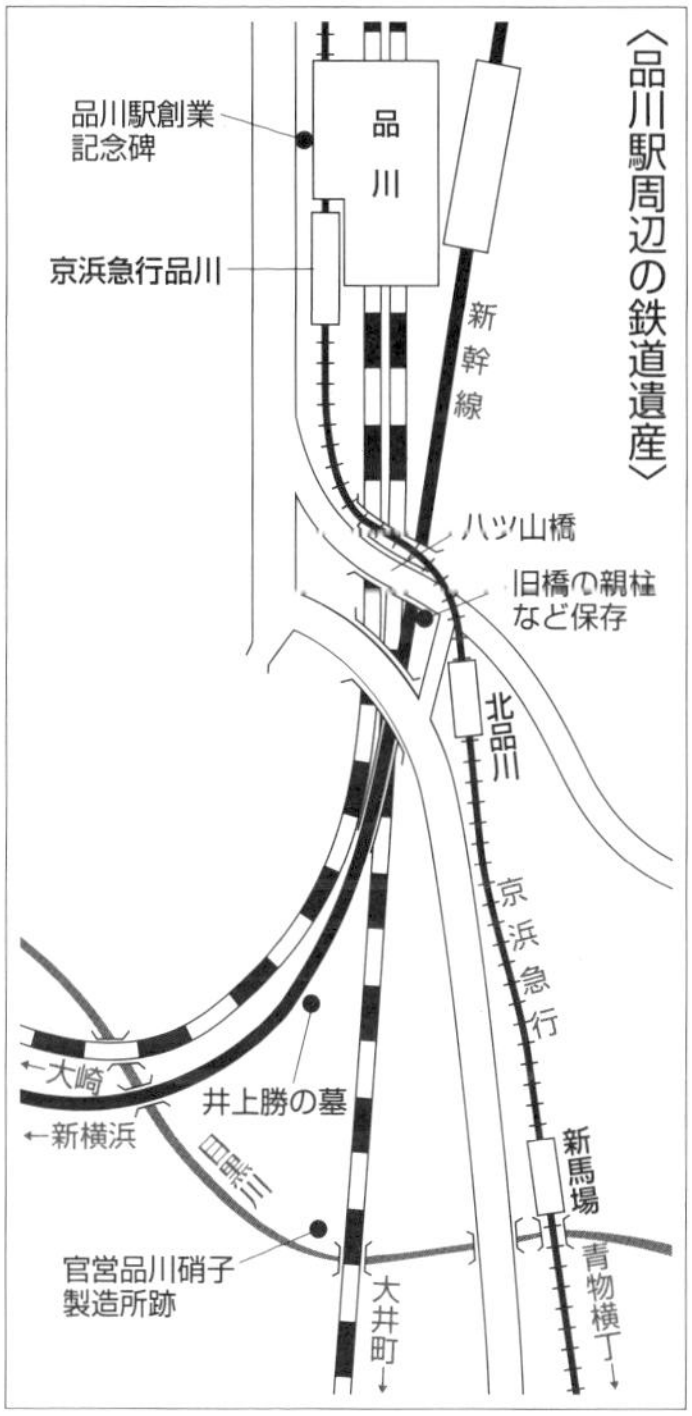

保存されている八ツ山橋(旧)の
親柱とエンドポスト

品川駅1番ホーム上の
「鉄道発祥の地」の表示

品川駅開業130周年安全祈念碑

ある。設置年は二〇〇二年とあるので、一三〇年遡れば明治五年の鉄道創業年となるが、品川が最古の駅ということはどこにも記載されていない。上部の鐘は、元々ＤＤ12形電気式ディーゼル機関車に取り付けられていたものという。ＤＤ12というのは、敗戦後にアメリカ占領軍が持ち込んだ機関車で、当初は国鉄が借り受け、後に譲渡されて国鉄に編入され、その後のディーゼル機関車普及への流れをつくったとされる機関車である。鐘は牛追い用のもので、日本では不要なため取り外され、最後は田町電車区に保管されていたという。

最初の跨線橋《こせんきょう》、八ツ山橋

新橋～横浜間の鉄道建設にあたって最も難儀をしたのは、鉄道用地の取得であったといわれる。当時、軍の施設整備を優先すべしとしていた兵部省は鉄道建設に批判的で、品川付近の所有地の提供を拒んだ。そこでやむなく、海岸線から少し離れた海中に築堤を設けてその上に線路を敷いたのである。錦絵に海の上を走る陸蒸気《おかじょうき》の姿が描かれているのは、そのためである。現在は、築堤の遺構はおろか、東海道線の車窓から海を見ることさえできないが、「窓より近く品川の台場もみえて波白く、海のあなたに薄霞む山は上総か房州か」と鉄道唱歌にも歌われているように、長い間、汽車は海岸線を走っていたのだ。

品川駅の南側で線路を跨いでいる八ツ山橋は、旧東海道と鉄道がクロスする地点に架けられた橋で、わが国最初の跨線橋の一つといわれる。最初の橋は木橋で、その後、何度も架け替えられている。一九一四（大正三）年に架設されたものは、わが国で最初のタイドアーチ橋（弓と弦のような構造）として知られ、現在の八ツ山橋（一九八五年架設）のたもとに、装飾のついたアーチ端部の柱（エンド・ポスト）一本と親柱が保存されている。なお、そこに保存されている親柱四本のうち大正三年と記された二本がそれで、残りの二本は昭和五年に架けられた橋のものだ。

鉄道の父、井上勝の墓

さて、鉄道創業から、主要幹線の形成まで、日本の鉄道を育てあげた大功労者といえば井上勝であろう。東京駅前に、駅舎を背にした大きな像が立っていた（現在は東京駅復元工事のため撤去）のをご存知の方も多いのではないだろうか。しかし、墓所が品川にあることは、あまり知られてはいないようだ。京浜急行で品川から二つ目の新馬場で下車し、駅前の北品川二丁目交差点から西へ五〇〇メートルほど進み、東海道線のガードをくぐると右側に官営

鉄道記念物・井上勝の墓

品川硝子製造所跡の碑が立っている。その脇の路地を入っていくと沢庵和尚ゆかりの寺、東海禅寺の墓地（大山墓地）がある。その最も奥まった一角に井上勝は眠っている。奥まったといっても、そこは東海道線と新幹線・山手線に挟まれた場所で、閑静とは言い難い。むしろ、行き交う電車の音が常時聞こえているような所である。死して後も鉄道の行く末を眺めていたいという、本人の希望でこの場所が選ばれたそうだが、まさか、その頭上を新幹線電車が疾駆するようなことになるとは夢にも思わなかったのではなかろうか。

井上勝は一八四三年、長州（山口県）萩に生まれている。父は、長州藩士井上勝行。三男であったため、幼くして野村家へ養子に出され、野村弥吉を名乗る。一八五八年、藩命により、兵学を習得するため長崎へ赴き、オランダ人の下で学んだ。その後、江戸の蕃書取調所へ、さらには遠く函館まで足をのばして英語や海外事情を学び、ついには密航を企ててイギリス船に乗り込む。密航仲間には、伊藤博文や井上馨らがいた。いわゆる「長州ファイブ」の面々である。ロンドン大学で鉱山学や土木学を学び、一八六八年一一月に帰国。この後、実家に復籍して井上勝を名乗ることとなった。

井上勝は、日本人で西洋近代の土木技術を本格的に学んだ最初の人物であり、一八七一年に鉱山頭兼鉄道頭に任ぜられ、新橋～横浜間の鉄道を完成させた。その後、鉄道局長、鉄道庁長官を歴任、指導的立場で日本の鉄道の発展に尽力した、まさに日本の「鉄道の父」である。墓所は鉄道記念物に指定されている。鉄道記念物というのは、わが国の鉄道発達の歴史上、記念すべき価値のあるものを指定し、その保存と活用をはかるために、国鉄が一九五八（昭和三三）年から始めた制度で、第一号（指定No.1）は、現在、大宮の鉄道博物館で保存展示されている「1号機関車」である。墓所が指定されたのは、横浜の外人墓地内にあるエドモンド・モレルの墓に次いで二番目であった。

関東最古の電車、京浜急行の遺産

ターミナルの変遷

鉄道創業の地品川は、京浜急行電鉄のターミナルでもある。同社のルーツは、一八九九（明治三二）年一月二一日に六郷橋～大師間一・八キロを開業した大師電気鉄道で、全国で三番目、東日本では最初の電気鉄道であった。日本で初めて、標準ゲージ（新幹線と同じ一四三五ミリ）を採用した鉄道でもあった。ただし、今日までずっと標準ゲージを通したわけではなく、東京、横浜の市内電車（路面電車）との連絡（乗り入れ）を考慮して、先方と同じ一三七二ミリゲージに改軌していた時期もある。

大師電気鉄道は、開業後まもなく社名を京浜電気鉄道と改め、京浜間を結ぶ都市間電気鉄道の形成を目指した。品川まで開業したのは一九〇四年五月八日。横浜方面は少し遅れて、翌年一二月二四日に神奈川まで開業し、京浜間の連絡が一応は成ったのである。最初の京浜電気鉄道品川駅は、八ツ山橋の南東側の北品川に設けられた。市内へ向かう乗客は、徒歩で八ツ山橋を渡り、東京電車鉄道（後の東京市電）の市内電車に乗り換える必要があった。一九一四（大正三）年の八ツ山橋の架け替えを機に橋の中央部に併用軌道を設けることになり、一九二四年四月五日、東京市電による京浜電気鉄道品川停車場への乗り入れが開始された。

京浜電気鉄道は、早い時期から青山へ至る路線（青山線）の建設に意欲を燃やしており、特許も得ていた。その一部を利用して念願の市内乗り入れをはかるべく、一九二五年三月一一日、高輪《たかなわ》への延長線を開業した。高輪にターミナルとして建設された瀟洒な洋館は、一九八一（昭和五六）年まで、京浜急行電鉄の本社として使用されていた。

移転時の名残と記念碑

現在のような、ＪＲ（当時は省線）品川駅西側に乗り入れる形となったのは、一九三三（昭和八）年四月一日からである。自社路線による都心部乗り入れが困難視される中で、高輪で市電と連絡しているよりも省線電車に接続した方が得策とみたわけである。新ターミナルへの移転と同時にゲージも標準ゲージに改軌したが、これは、横浜から先の三浦半島部へ路線をのばしていた、湘南電気鉄道（一九四一年、京浜電気鉄道と合併）と直通できるようにするためであった。

品川の新ターミナルができた当時の構造物を、今も目にすることができる。それはホームの上屋《うわや》の一部である。屋根と屋根の間に渡された弓型の特徴的な形をした梁が目印である。現在、行き止まり式になっているのは一番線ホーム側だけだが、かつては、現在の一、二番線の間にもう一線あったことが、屋根の形状からわかる。一九六八年に品川～泉岳寺《せんがくじ》間が開業し、都営地下鉄との相互乗り入れが実現してからは直通運転が増えて、あまりターミナルらしさを感じない駅になってしまったが、頭端式ホーム（行き止まりスタイルのホーム）の遺構を見れば、ターミナルとして存在感を示した時代があったことがわかる。線路に目をやると、面白い形をした0キロポストが目にとまる。創立九〇周年を記念して設置されたもので、一九八八年という年号が刻まれている。九〇年遡ると一八九八年、大師電気鉄道創立の年だ。

ところで、品川駅西側への乗り入れが実現した後も、八ツ山橋と北品川の間には併用軌道区間が残り、運転上のネックとなっていた。ようやく、一九五六年六月に線路の切り替えを行って併用区間を解消したが、八ツ山橋際の踏切に立つと、今でも併用軌道時代の名残と、市内乗り入れに腐心した京浜急行の歴史を感じることができるような気がする。

参考メモ・京浜急行電鉄略年表（都内区間を中心に）

1898	明治31	2.25	大師電気鉄道創立
1899	32	1.21	六郷橋（川崎付近）～大師間開業
		4.25	京浜電気鉄道と改称
1901	34	2. 1	六郷橋～大森間開業
1902	35	6.28	蒲田～穴守（現・穴守稲荷）間開業
		9. 1	六郷橋～川崎間開業
1904	37	3. 1	1372㎜軌間への改軌工事竣工
		5. 8	品川（現・北品川）～八幡（現・大森海岸）間開業
1905	38	12.24	川崎～神奈川間開業
1925	大正14	3.11	北品川～高輪間開業
1933	昭和 8	4. 1	省線品川駅へ乗入れ、1435㎜軌間へ改軌
1937	12	3. 8	大森海岸～大森間廃止
1942	17	5. 1	東京横浜電鉄が京浜電気鉄道と小田急電鉄を合併し、東京急行電鉄に
1948	23	6. 1	東京急行電鉄から独立
1968	43	6.21	品川～泉岳寺間開業、都営浅草線へ乗入れ

1933年に現在地に移転した京浜急行品川駅

京浜急行品川駅の0キロポスト

京浜急行品川駅ホームの
0キロポイント

日本の鉄道の原点、新橋停車場

国の史跡、旧新橋停車場跡

0哩《マイル》標識と新橋駅の遺構

一八七二（明治五）年一〇月一五日に開業（一四日は開業式のみで営業運転なし）した新橋駅は、現在の東京駅ができるまで、東京のメインターミナルとして親しまれた。先に述べた「汽笛一声新橋を…」の鉄道唱歌のごとく、日本の鉄道の旅の始点であり、全国の鉄道駅の頂点に立つ存在であった。一八七〇年の新橋～横浜間建設測量開始の際に、その第一杭が打たれた地点に0哩標識が設置された。一九五八（昭和三三）年、「1号機関車」などとともに鉄道記念物に指定されている。さらに一九六五年には、「旧新橋横浜間鉄道創設起点跡」として国の史跡にも指定（一九九六年にエリアを広げて「旧新橋停車場跡」と改称）されている。

一九一四（大正三）年一二月二〇日に東京駅が開業すると、貨物専用の汐留《しおどめ》駅となり、以

貨物駅時代の汐留の全容（1986年10月17日）

旧新橋停車場発掘調査時の状況。ホームの形がよくわかる（1996年12月7日）

汐留貨物駅時代の０哩標識

来、東京に住む人々にとって、生活物資の重要な受入口となってきた。毎年年末になると、全国から届いたさばききれないほどの品々が構内を埋め尽くし、その戦場のような有様が年の瀬の風物詩としてニュースになることも多かった。しかし、高度成長期後半以降、トラック輸送の著しい伸長により、鉄道貨物輸送は整理縮小を余儀なくされ、一九八六（昭和六一）年一一月一日、汐留貨物駅は廃止となった。跡地は売却され、再開発が行われることになり、それに先立って、一九九一年から跡地の発掘調査が行われた。

再開発から復元へ

発掘調査の結果、これまで地中に眠っていた旧新橋駅の旅客ホームや駅舎等の建物の基礎が次々と姿を現し、輸入レール、切符、ヨーロッパ製生活用品、汽車土瓶《どびん》といった鉄道用品や旅行用品も出土。発掘現場は、一九九五年一一月に開業した東京臨海新交通（ゆりかもめ）の新橋駅から見渡すことができたので、ご覧になった方も多いのではないだろうか。その後、駅の遺構は埋め戻され、再開発ビルが立ち並ぶ新市街の下に再び眠ることになった。

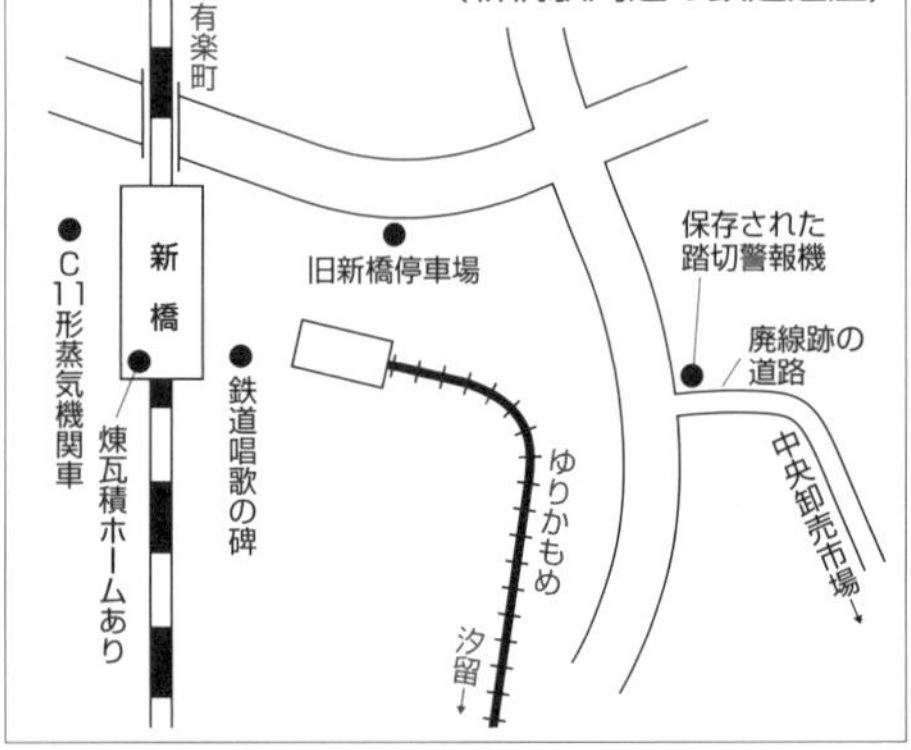

〈新橋駅周辺の鉄道遺産〉

旧新橋駅跡地を含む汐留地区B街区には、汐留シティーセンタービル、パナソニック電工東京本社ビル、地下共用部分（駐車場等）が建設され、0哩標識も一旦は撤去された。しかし、幸いなことに、この日本の鉄道の原点、新橋駅の復元と保存は、再開発にあたっての必須条件とされたので、シオサイトと命名された汐留再開発地区の一角に旧新橋駅駅舎が復元され、二〇〇三年四月一〇日に一般公開された。

バブル経済の崩壊後、企業による社会貢献的事業は衰退の一途といった感じであったが、日本の近代化を支えて走り続けてきた鉄道の発祥の地が、しっかりした形で復元され、後世にその偉業を伝えることができるようになったのは喜ばしい限りである。

復元された旧新橋停車場駅舎

旧新橋停車場正面玄関の石積みの遺構

復元された旧新橋駅駅舎

駅舎の構造

復元された旧新橋停車場に足を運んでみよう。鉄道創業時に建てられた新橋停車場は、横浜停車場とともにアメリカ人建築家R・P・ブリジェンスが設計したもので、左右一対の木骨石張りの二階建の建物とその間を結ぶ木造平屋建の建物で構成されていた。オリジナルの駅舎は、汐留貨物駅となった後、一九二三（大正一二）年の関東大震災で焼失してしまった。設計図が残っていないため、復元にあたっては、発掘された土台から位置や大きさを割り出し、建物の形は写真資料を参考にしたという。復元された駅舎は鉄筋コンクリート造り（一部鉄骨造り）で、開業時の外観がみごとに再現されている。内部については資料が乏しく、同じものを再現することは困難であったようだ。

復元駅舎は、開業時と同じ場所に立っている。正面に向かって右手の建物内部は飲食施設に、左手の建物内部は鉄道歴史展示室になっている。展示室（入場無料）には、様々な出土品が展示されているだけでなく、映像による日本の鉄道史や汐留の歴史の紹介、錦絵や歴史的写真の展示もあり、年三回程度の企画展も開催されている。展示室内には、駅舎基礎石積みやホーム石積みを見ることができるようにした見学窓もある。

ホームと双頭レール

復元駅舎の南側には、ホームの一部（約二五メートル）が再現され、その片側には双頭レールが敷かれ、端部には前述の0哩標識が置かれている。

双頭レールというのは、上下対称形をしたレールで、摩耗しても裏返しにすれば再度利用できるというのが最大のメリットとされる。しかし、枕木に固定するには、座鉄（チェアー）と呼ぶ特殊な受け具と木製のくさびが必要であり、それだけ手間がかかるが、新橋〜横浜間の開業時にはこうしたレールが用いられたのだ。ここに展示されているレールは、新日本石油加工柏崎工場で使用されていたもの（一八七二年製）を譲り受けたという。開業時の軌道の構造を再現した興味深い展示である。レールの上に車両も（重い機関車は無理でもせめて二軸客車ぐらいは）再現してほしいと

遺構の上に復元されたホームと双頭レール。本来のホームの位置はこれよりずっと低い

思うのだが、欲張りすぎだろうか。

復元されたホーム（レールも）は、遺構の上にのるような形でつくられているため、本来のホームより高い位置にある。復元ホームの先端付近に、本来のホームの石積みの一部を見ることができるようにしてある箇所があるので、実際はどうだったのか確かめてみたい。

新橋駅周辺の鉄道遺産

東京卸売市場引込線の廃線跡

関東大震災後、汐留駅東方の築地《つきじ》に東京市中央卸売市場が開設（一九三四年）されると、汐留駅から引込線（汐留〜東京市場間一・一キロ、一九三五年二月一一日開通）が敷かれた。この線も汐留駅廃止後は撤去されて道路に転用されたが、海岸通りを横断する所にあった踏切（浜離宮前踏切）の警報機だけは、今も歩道上に残されている。説明板には、「都民の暮らしの台所を支えて来たこの信号機を、国鉄廃止に当たり捨て去られるのにしのびず…ここに永久保存されることになりました」とあり、警報機の後ろには「銀座に残された唯一の鉄道踏切信号機」という立札がある。

この警報機の脇の道が廃線跡で、この先、朝日新聞社裏を抜けて青果市場へと続いている。道路脇には国鉄を表す「工」のマークの境界柱も残っており、廃線跡であることがわかる。

29　日本の鉄道の原点、新橋停車場

新橋駅前の鉄道唱歌の碑とD51の動輪

新橋駅西口広場のC11

鉄道唱歌の碑

元祖新橋駅が汐留貨物駅となってから、新橋の名を受け継いだのは、市街高架線の電車の駅として開設された烏森《からすもり》駅であった。烏森駅は一九一四（大正三）年に新橋駅と改名され、「汽笛一声新橋を…」の鉄道唱歌の碑も駅前（汐留口）にある。この碑は、作詞者の大和田建樹の生誕百年を記念して一九五七（昭和三二）年に建てられたもの。鉄道唱歌の碑の隣には、D51形蒸気機関車の動輪も飾られていて、鉄道創業の地であることをアピールしている。同駅三、四番線ホームの浜松町寄り先端部には「一声園」という名の花壇もある。花壇の囲いにしている赤煉瓦は、駅のどこかで使用されていた古い煉瓦を再利用したものである由。大和田建樹は、一八五七年、愛媛県宇和島に生まれ、東京高等師範学校などで教鞭をとった文学者であった。「故郷の空」「青葉の笛」などの作詞でも知られている。

西口広場に目を移すと、そこには、蒸気機関車C11292が腕木《うでぎ》式信号機（長方形の板＝腕木を動かし、その位置で停止、進行等を示す信号機）とともに鎮座している。これは一九七二年の鉄道創業百周年にちなみ、地元商店街の活性化のために設置されたもの。新橋駅と特に縁のある機関車というわけではないが、鉄道創業の地にふさわしいモニュメントとして、またランドマークとしてなくてはならないものになっているようだ。

多摩最初の鉄道、甲武鉄道と中央線の遺産

甲武鉄道に始まる中央線の歴史

甲武鉄道の起源

昨年（二〇〇九年）は、中央線開業一二〇周年ということで、記念キャンペーンが行われ、立川や八王子では様々なイベントが催された。一二〇年前に開業したのは、中央線の前身である甲武鉄道で、一八八九（明治二二）年四月一一日に新宿～立川間を、八月一一日に立川～八王子間を開業。多摩地域で最初の鉄道となった。この鉄道が新宿を起点としたことが、その後、新宿が副都心さらには新都心へと発展していく端緒となったわけで、新宿にとっても重要な意味をもつ鉄道の開業であった。

甲武鉄道とはいかなる鉄道であったのか。発端は玉川上水の通船の代替手段としての馬車鉄道の構想であった。江戸時代に開鑿《かいさく》された玉川上水は、江戸の住民にとって不可欠な飲料水

を供給したが、明治維新後の一八七〇年に通船が認められると、便利な輸送手段として多摩の人々に歓迎された。しかし、元来が飲料用水であるため船の通行による水の汚染が懸念され、僅か二年間で禁止となった。そこで、これに代わる輸送手段として、玉川上水沿いの馬車鉄道計画が浮上したのである。一八八四年提出の願書によれば、そのルートは、新宿～和田堀ノ内～関前～砂川～福生～羽村（第一着手）および砂川～拝島～八王子（第二着手）となっていた。その後、ルートを新宿～八王子間に変更して再出願し、一八八六年一一月一〇日、馬車鉄道の免許を得た。

甲武馬車鉄道の発起人は、服部九一（実業家）、岩田作兵衛（実業家）、伊関盛艮《いせきもりとめ》（元神奈川県知事）および沿線地域の指田茂十郎、田村半十郎といった面々であった。指田茂十郎は羽村の豪農で、玉川上水の水番役という家柄。田村半十郎家は福生の名主総代として代々村を治め、一八二二（文政五）年から造り酒屋を営む素封家である。両者とも玉川上水の通船との関わりが深い人物である。田村家の酒造りは現在も盛業中であり、銘酒「嘉泉」の製造元として知られる。白壁の酒蔵が美しい田村酒造場の裏を玉川上水が流れ、その分水が敷地内にも引き入れられている。玉川上水を輸送に利用できればどんなに便利かは一目瞭然で、その代替輸送手段を追求した気持ちが理解できるような気がする。後に田村半十郎は甲武鉄道の取締役となるが、国有化により退任する際に、従業員から贈られたという甲武鉄道の社紋入煙草盆が、同家に今も大切に保存されている。

甲武鉄道の開業とそのルート

馬車鉄道の免許を受けた翌月、各地の蒸気鉄道建設に刺激されて、動力を蒸気に変更して再出願。翌一八八七（明治二〇）年四月一〇日の甲武鉄道会社創立総会では、創立委員長に奈良原繁（日本鉄道社長）を据え、委員には伊関、指田のほか、谷本道之（東京馬車鉄道社長）、末広重恭（朝野新聞編集長）、浅野総一郎の五名が就任した。しかし、内紛により谷本、末広が去り、株価暴落に乗じて甲州財閥の雨宮敬次郎が大株主となる。その結果、「雨宮派」が総株式の六三パーセントを支配して主導権を握ることになった。免許をめぐっては、競願となる鉄道が現れるなど、紆余曲折はあったものの、一八八八年三月三一日に私設鉄道条例に基づく免許を下付され、建設に向けて動き出した。

甲武鉄道自身は鉄道建設を遂行する力をもたなかったので、測量から建設工事まで、すべて官設鉄道が実施した。新宿で接続する日本鉄道の支線とみなすことで、日本鉄道同様、建設は官設鉄道の手で行うという扱いになったわけである。

最初に開業した新宿〜立川間の大部分は武蔵野台地上の平坦地を一直線に進む線形であるため、大がかりな土木構造物はない。その後、輸送力増強に伴う線増や高架化などの改良工事が積み重ねられてきたこともあり、現在、甲武鉄道時代を偲ばせるものはほとんど残っていないといってよいだろう。強いていうならば、東中野付近から立川に至る長い直線区間（線増、高架化工事などにより屈曲してしまった現在の線路状態からは認識しにくいが）そのものが、甲武鉄道の最大の遺産であろう。

この直線ルートが選択されたのは、甲州街道沿いの調布、府中方面の住民が鉄道敷設に反対した結果であるとする説があるが、根拠のある話とは思えない。甲武馬車鉄道以来の経緯からみて、甲州街道沿いを最有力ルートとして追求したとは思えず、仮にそうであったとしても、鉄道の利便性がすでに明らかとなっていたこの時代において、地域全体が鉄道反対で一丸となりルートを変えさせるほどの力を発揮したとは考えにくいからである。用地買収や建設の容易さ、最短ルートであることなどが考慮された結果ではなかったのだろうか。沿線地域では誘致の動きもみられたようで、国分寺駅前に立つ「小柳九一郎翁頌徳碑」は、私財を投じて停車場誘致に尽力した人物を称えたものである。駅用地二〇〇〇余坪を無償提供するため、自分の土地七〇〇〇有余坪を換地、または処分して充当したことが記されている。

国分寺駅前の「小柳九一郎翁頌徳碑」

立川〜八王子間に残る甲武鉄道の遺産

多摩川橋梁

一方、立川〜八王子間には、甲武鉄道時代の遺産が比較的多く残されている。その最大のものは立川〜日野間の多摩川橋梁（上り線側）で、煉瓦積みの橋脚、橋台、錬鉄製の橋桁は、甲武鉄道開業時のものが現役で使用されている。電車に乗って通過しただけではよくわからないので、ぜひ下車してじっくりと眺めてみたい。

多摩川橋梁は、橋脚間に左右一対になったI字型の鉄製の桁を渡したプレートガーダー（plate girder）橋である。プレートガーダーは漢字では鈑桁《ばんげた》と表記する。このタイプの鉄道橋は、構造が簡単なため大変数が多く鉄道橋の主流といってもよい。一般に鉄道橋を意味する「ガード」という

甲武鉄道の遺産、多摩川橋梁

言葉は、この「ガーダー」が訛ったものといわれる。多摩川橋梁をよく見ると、上下線で形状が異なっていることに気がつく。プレートガーダー側面に垂直に取り付けられているスティフナー（補鋼材）の端部が、上り線はJの字のように外側に湾曲しているのに対して、下り線のそれは真っすぐなままである。橋脚も、下り線がコンクリート製であるのに対して、上り線は、煉瓦と石材でできているものが一八本中七本（それ以外はコンクリートで覆われている）を占めている。上り線は橋台も煉瓦積みである。上り線の橋梁は下り線のそれと比べて、明らかに古いものであることがわかる。

ところで、新橋～横浜間の鉄道創業時の橋梁はすべて木橋で、鉄製（錬鉄製）が登場したのは、大阪～神戸間のワーレン型トラス桁（主桁が部材を三角形に連結した骨組構造になっている）から。プレートガーダー（錬鉄製）は、一八七六（明治九）年に開業した大阪～京都間が最初とされる。一八八二年に来日した英国人技師ポーナルは、錬鉄製プレートガーダーの標準設計を行い、鉄道作業局は「作錬式」と呼ぶ錬鉄製標準桁を制定した。その後、鋼鉄の使用が一般化すると一八九三から九四年にかけて鋼製標準桁の設計が行われ、一八九七年には鉄道作業局によって「作30年式」として制式化された。こうして、ポーナル設計の英国式プレートガーダーは各地で使用され、一世を風靡することになった。しかし、輸送量の増大により、より大きな強度が求められるようになるとアメリカ系の技術が優勢となり、二〇世紀に入る頃には主流の座から降ろされてしまう。

建設時期の異なる2つの橋梁。右（上り線）が甲武鉄道時代のもの

甲武鉄道時代以来のプレートガーダー

多摩川橋梁の煉瓦積み橋脚

ポーナル型プレートガーダー

設計者の名をとってポーナル型と総称される、明治三〇年代以前に設計された英国式プレートガーダーの外見上の大きな特色は、スティフナーの上下端が「J」の字に曲がっていること。多摩川橋梁（上り線側）はまさにそのような形をしており、建設時期が鋼製に移行する前であることから、ポーナル設計の錬鉄製桁「作錬式」と見ることができる。錬鉄製が用いられた時期は短く数が少ないだけでなく、一二〇年の時を経て、今もなお鉄道橋としての役割を果たし続けているという点においても、大変貴重な存在なのである。

なお、多摩川橋梁（上り線）の立川寄りの一連だけは新しいものであり、一九七二年製という銘板が付いている。河川改修で堤防が後退した際に、追加されたものと思われる。残りの一八連が明治期のものということになる。甲武鉄道のこの区間（立川～八王子間）の開業は一八八九年八月一一日である。全長一三七三フィート八インチ（四一八・七メートル）の多摩川橋梁は、一八八八年一一月に着工し翌年の七月に完成している。立川寄りの低湿地には水害防止のため全長五三二フィート八インチ（一六二・四メートル）の避溢橋《ひいっきょう》（洪水時の河川敷外への出水に備えて、排水に支障がないように設けた橋梁）を設け、四〇フィート（一二・二メートル）のプレートガーダー一二連を使用し、本橋の方は七〇フィート（二一・三メートル）のプレートガーダー一八連を使用したと記録されている（『日本国有鉄道百年史』第二巻五〇八頁）。この記述からも、立川寄り一連を除く一八連のプレートガーダーが、甲武鉄道開業時以来のものであるとみて間違いないだろう。同時に架けられた避溢橋は現存していない。立川〜豊田間は一九三七（昭和一二）年六月一日に複線化されたが、下り線の橋梁はその際に架設されたもので、「鉄道省」の文字の入った銘板が付いている。

日野煉瓦を用いた構造物

日野にあった煉瓦工場

さて、多摩川橋梁（上り線）の橋脚、橋台に用いられている煉瓦は、どこで製造されたものだろうか。煉瓦は重量がある上、大量に必要なので、輸送の手間やコストを考えれば使用場所に近い所で調達できるにこしたことはない。

一八八八（明治二一）年、甲武鉄道の建設に際して、立川〜八王子間で使用する煉瓦の供給を主目的に、日野に小規模な煉瓦工場がつくられた。日野煉瓦製造所といい、所在地は現在の日野警察署のあたりであったという。同工場の煉瓦は、木

多摩川避溢橋の名残と思われる煉瓦積み橋台部分

枠に粘土を入れて手作業で形を整える「手抜き成形」によって製造された。煉瓦の平《ひら》にヘラでこすった際についたスジが残っているのが特色で、カタカナ一文字の責任印が刻印されているものもある。多摩川橋梁をはじめ、立川～八王子（旧駅）間に現存する煉瓦構造物は、この日野煉瓦製造所でつくられたものとみられる。しかし、創立者土淵英の死去により一八九〇年には廃業してしまったので、操業期間が僅か二年半という、薄命の煉瓦工場であった。

日野煉瓦の橋台等

立川～八王子間には多摩川橋梁以外にどのような煉瓦構造物が存在しているのか、探ってみることにしよう。立川を出た電車は、掘割を抜けると、多摩川の氾濫原に入っていく。そこには、かつてプレートガーダーを連ねた避溢橋があったのだが、その名残の煉瓦積み橋台が、新奥多摩街道手前の小さな道路を跨ぐ箇所に南側だけ残っている。また、多摩川を越えて間もなく渡る日野下堤

日野川橋梁の煉瓦積み橋台

用水の橋梁、日野駅手前の日野川の橋梁にも煉瓦積み橋台が残っている。

鉄道施設ではないが、日野駅ホームの八王子寄り先端部近くにある小さなお堂の土台も煉瓦積みで、日野煉瓦の製品が使われているようだ。そのお堂の前の細い道が旧甲州街道で、かつてはこの地点に踏切があって鉄道と交差していた。ちなみに、現在の日野駅は一九三七（昭和一二）年の複線化に際して移転したもので、当初の日野駅はずっと八王子寄りの、中央自動車道が中央線を跨いでいるあたりにあった。

日野～八王子間の浅川橋梁もかつては日野煉瓦を用いた煉瓦積みの橋台・橋脚であったが、現在は架け替えられている。浅川の河原では、少し前まで壊された煉瓦の破片を目にすることができたのだが、今はちょっと難しいようだ。

甲武鉄道八王子駅

甲武鉄道開業時の八王子駅は、現在の八王子駅と京王八王子駅の中間地点、産業技術研究所や都の合同庁舎のある一帯に位置していた。当時の市街地の南東端にあたる場所で、その先に線路をのばすことが難しい

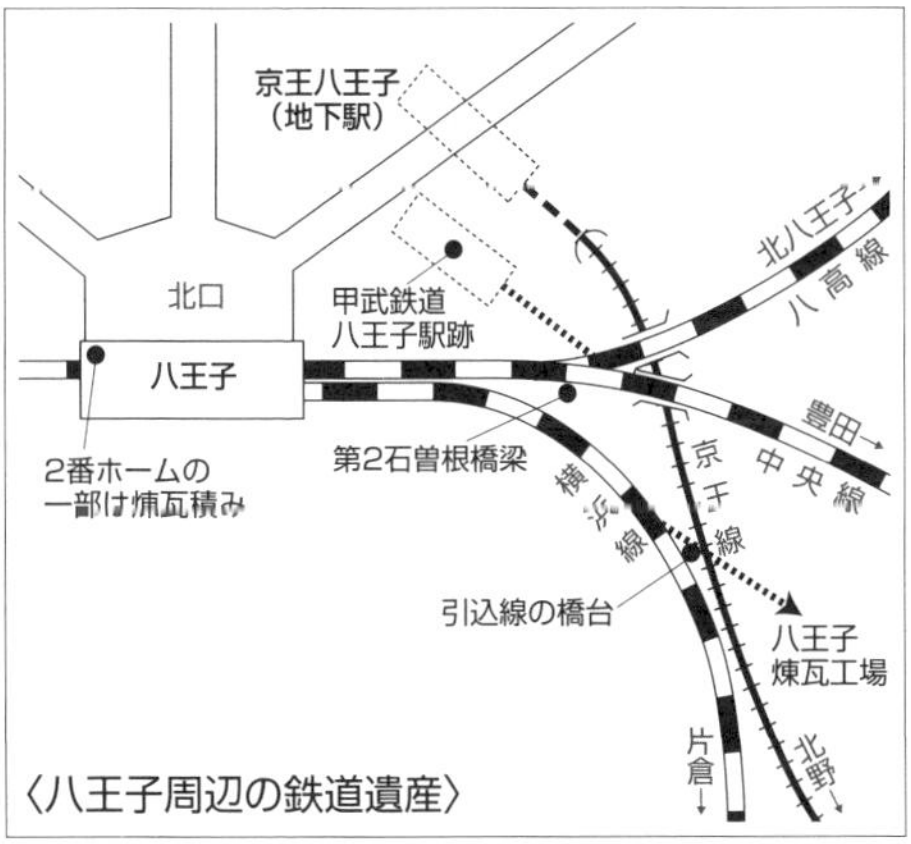

〈八王子周辺の鉄道遺産〉

線形であった。これを見れば、甲武鉄道とは名前だけで、自力で甲州方面に至る意志はなかったのではないかと思わざるをえない。

実際、八王子から西は官設鉄道線として建設され、八王子駅も直通運転が可能なように、一九〇一（明治三四）年八月一日に現在地に移転している。したがって、甲武鉄道開業時の八王子駅が使用されたのは僅か一二年間ということになる。その後、跡地は払い下げられて府立八王子織染学校（後の八王子工業高校、現在は第二商業高校と統合されて都立八王子桑志高校）の校地となった。同校の記念碑が産業技術研究所の構内に建てられていて、碑文には「甲武鉄道八王子駅跡」の文言が刻まれている。

この旧八王子駅への進入路にあたる盛土《もりど》区間の煉瓦積み擁壁が、最近まで明神町の民家の敷地内に残っていた。用水路（石曽根川）を跨ぐ煉瓦アーチ部を含む立派なもので、多摩最初の鉄道の貴重な遺

甲武鉄道八王子駅跡に立つ府立八王子織染学校の碑

甲武鉄道
八王子駅跡

産として、保存の措置が講じられることを期待していたのだが、残念ながら二〇〇四年夏にすべて取り壊されてしまった。

八王子〜小仏《こぼとけ》トンネル間の中央線の遺産

様々な煉瓦構造物

八王子駅の移転に伴い、旧線から分かれて新駅へ向かう路線が建設されたが、その途中に設けられた第二石曽根川橋梁の煉瓦積み橋台は、今も健在である。角の部分には強度を高めるために石材（隅石）が用いられていて、明治の建造物らしい風格を漂わせている。煉瓦積みといえば、八王子駅二番線ホームの下部にも煉瓦積みの部分があり、当初のホームの長さと駅の位置が想像できる。駅舎は現在地よりもやや高尾寄りの、多摩相互病院付近にあった。

八王子駅移転の日は、中央本線八王子〜上野原間

煉瓦積みの第二石曽根川橋梁

の開業日にあたる。前述のように、八王子から西は官設鉄道線として建設されたが、特に高尾以西にはその時代の煉瓦構造物がたくさん残っている。いずれも明治三〇年代初頭に建設されたものであり、一世紀を超えて鉄道輸送を支え続けてきた歴史的価値の高い鉄道遺産といえよう。

高尾駅（旧称・浅川）のホームの下部は煉瓦積みで、レトロな雰囲気を漂わせていたのだが、今は、その上に朱色のセメントが塗られてしまい、中央線のホームから確認することができない。ただし、京王線ホーム下の通路からは、手を加えられていない煉瓦積みの美しい姿を見ることができる。社寺風建築で有名な高尾駅舎は、開業当初からのものではないが、一九二七（昭和二）年の大正天皇の大喪に際して新宿御苑に設けられた、柩の出発用仮駅舎を移築したもので、これまた歴史的価値のある存在である。

京王線側から見た高尾駅の煉瓦積みホーム

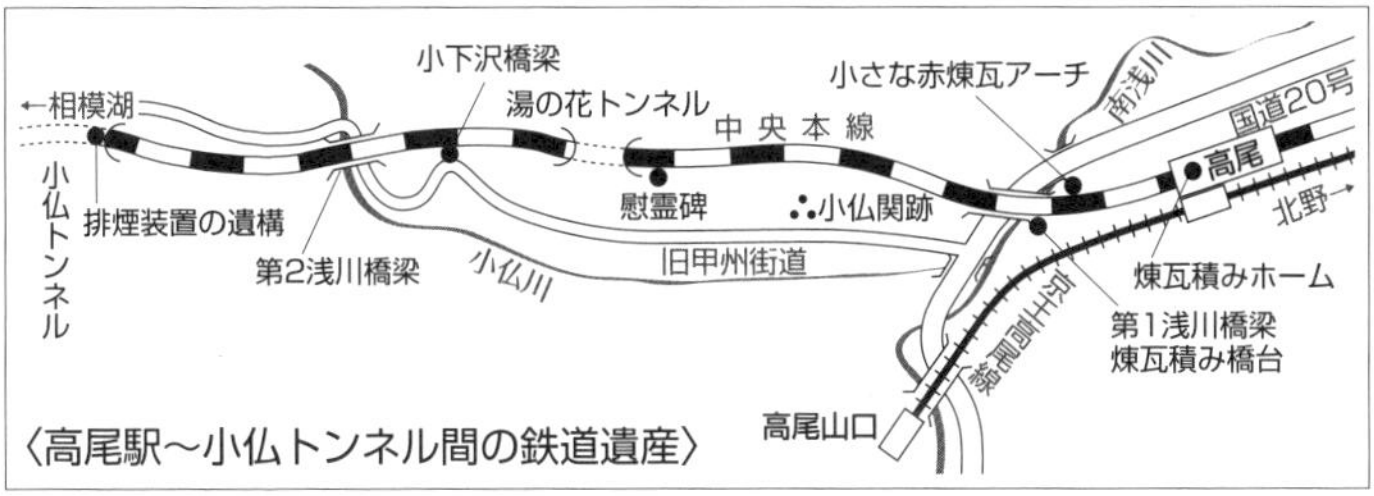

〈高尾駅～小仏トンネル間の鉄道遺産〉

高尾駅から甲州街道を西へしばらく進むと、中央線のガードが国道二〇号と南浅川を跨いでいる箇所がある。そこに架かる第一浅川橋梁の下り線側高尾寄りの橋台には、両脇をコンクリートで補強された煉瓦積み部分が残っている。そこから線路沿いの小道を少し高尾駅側に入った所には、南浅川から取水した用水路を跨ぐために設けられた径間六フィート（一八三センチ）の可愛らしい煉瓦アーチ橋がある。

湯の花トンネル

線路と並行する旧甲州街道をたどると、まだまだたくさんの煉瓦構造物を見ることができる。大物は、高尾駅から二・五キロほどの所にある湯の花トンネル（地元の人は、いのはな＝猪の鼻トンネルと呼ぶ）であろう。小さな尾根が張り出している部分に設けられたトンネルで、上り線側が一九〇一（明治三四）年の開業時の姿を留めた、全長一六〇・九メートルの煉瓦積みトンネルである。ちなみに、下り線側は一九六四年の複線化時に設けられたコンクリート製。湯の花トンネルは、太平洋戦争末期の一九四五年八月五日、乗客を満載した下り四一九列車が米軍機の機銃攻撃を受け、判明しているだけでも四九

小下沢の赤煉瓦アーチ橋

第２浅川橋梁

名が犠牲となった悲劇の舞台でもある。トンネルの高尾駅寄りの線路際に慰霊碑が立っているが、ここを列車で通過する乗客の中で、その存在に気づく人がどれだけいるだろうか。

旧甲州街道をさらに進むと、小下沢《こげざわ》という小さな沢にも煉瓦アーチ橋がある。アーチ部が長手《ながて》積み（煉瓦の長い方の側面＝長手だけが見えるような積み方）、その他の部分がいわゆる「イギリス積み」（長手積みの段と小口積みの段が交互になっている）という構造は、高尾以西の中央線に残る煉瓦アーチ橋に共通している。同時期に建設された他の路線の煉瓦アーチ橋も同様の形態であり、これらの煉瓦アーチ橋は明治期の典型的煉瓦構造物ということができる。

最も立派で見応えがあるのは、旧甲州街道と南浅川上流の小仏川を跨ぐ第二浅川橋梁である。径間を長くとるため、アーチ部は半円に満たない「欠円アーチ」となっている。石材を一切用いておらず、すべてが煉瓦造りのため、陽を浴びると赤一色の美しい眺めとなる。

小仏トンネルと排煙装置の遺構

旧甲州街道の小仏バス停近くに、中央線の小仏トンネルの入口がある。延長八三五〇フィート（二五四五メートル）のこのトンネルは、建設時には、全国有数の長さを誇っていた。上り線のトンネルが開業時からのもので、煉瓦積みである。トンネル入口の上部に、奇妙な形をしたコンクリートの構造物が残っているのが目につくが、それは、蒸気機関車時代の排煙装置の遺構である。蒸気機関車の吐き出す煙は乗務員や乗客を苦しめ、特にトンネル内では窒息事故を招く危険性さえある。

そこでまず考えられたのが、トンネル入口への引き幕（または垂れ幕）の設置であった。列車がトンネル内に進入すると同時に幕を閉め、列車の後方の気圧を下げることで煙を吸引し、前方を行く列車への煙の影響を少なくしようとしたのである。その後、送風機により空気を送り込むことで坑内の気圧差を高め、強制的な換気を行う、強力な排煙装置が考案された。小仏トンネルに設置されたのは一九二九（昭和四）年九月であるが、中央線のこの区間は一九三一年に電化されたため、使用された期間は短かった。中央線開業時からのものではないが、蒸気機関車時代の列車運転の苦労を物語る貴重な遺産といえるのではないだろうか。

八王子煉瓦への引込線遺構

八王子煉瓦

八王子以西の中央線に見られる煉瓦構造物の煉瓦は、どこから調達されたものだろうか。中央線用煉瓦の供給を目的に、一八九七（明治三〇）年、由井村（現在の八王子市長沼付近）に八王子煉瓦製造株式会社が設立された。ホフマン窯を備えた大規模な機械化工場であったが、アメリカ製機械の不具合で目標とした大量生産ができず、途中から日本煉瓦製に取って代わられたとされる。したがって、中央線の煉瓦構造物には、八王子煉瓦と日本煉瓦の双方の製品が用いられていることになる。

八王子煉瓦は、関東煉瓦製造を経て、大阪窯業八王子工場となり、一九三二年に火災で全焼して閉鎖されるまで、煉瓦の製造を行っていた。工場へは引込線があり、京王線を跨いでいた箇所のコンクリート製橋台が片側だけ現存している。工場そのものは、京王線北野〜長沼間の南側を流れる湯殿川の右岸にあったが、今は住宅が建ち並び、煉瓦工場跡であることを偲ばせるものは残っていない。

最初の都市鉄道、甲武鉄道市街線の遺産

一九世紀に形成された鉄道網

困難な開業時の面影探し

現在の東京都区内の鉄道を開業年次の古い順にみると、新橋から横浜に至る鉄道の次は、一八八三（明治一六）年七月二八日の日本鉄道上野～熊谷間である。そして、一八八五年三月一日、その両者を結ぶ赤羽～品川間（後の山手線）が開通し、さらに一八八九年四月一一日の甲武鉄道新宿～立川間、八月一一日の同立川～八王子間と続く。甲武鉄道は一八九四年一〇月九日に新宿～牛込《うしごめ》間の市街線を開通させた。同年一二月九日には総武鉄道の市川～本所《ほんじょ》（現・錦《きん》糸町《しちょう》）が開通、翌年四月三日、甲武鉄道は飯田町《いいだまち》へと路線をのばしている。一八九六年一二月二五日に現在の常磐《じょうばん》線にあたる日本鉄道の田端～土浦間及び田端～隅田川間が開業し、一八九九年八月には東武鉄道北千住《きたせんじゅ》～久喜《くき》間が開通している。一九世紀のうちに、このような路線が

開通したわけであるが、変貌著しい東京という大都市の中で、開業時代の鉄道の構造物がそのまま残っているような場所を探すのは難しい。

新橋に次いで古いターミナルは上野だが、創業時以来というようなものはなさそうだ。また山手線にも、開業時からのものは見当たらない。山手線でクラシックな駅舎といえば思い浮かぶのが原宿駅だが、現在の駅舎は、一九二四（大正一三）年の建築。山手線内では現存最古の駅舎で、デザイン的にもすばらしく、貴重な建築物であることは間違いないが、開業時の遺産とはいえない。もっとも、開業時の山手線には原宿駅はなく、駅自体が一九〇六年の開業だ。

国電の始祖となった電車

甲武鉄道市街線は、開業当初から都市型鉄道として小型蒸気機関車による頻繁運転を行ったが、一九〇四（明治三七）年八月二一日には早くも中野〜飯田町間を電化して電車を走らせた。運転頻度は、飯田町〜新宿間で一〇分間隔と高く、二両編成で総括制御（複数の動力車を一ヵ所で制御）も行うという画期的なものであった。同年一二月三一日には御茶ノ水まで線路がのびて、電車の運転区間は御茶ノ水〜中野間となった。さらに万世橋《まんせいばし》を目指して建設を進めつつあった一九〇六年に甲武鉄道は国有化され、中央線となった。このため、この電車区間は国電の始祖という栄誉を担うことになった。ちなみに、最初に製造された電車のうちの一両であるデ９６８（デ９６３形）は、最終的に松本電気鉄道（旧称・筑摩電気鉄道）のハニフ１となり、廃車後も長い間新村《にいむら》駅構内の車庫に保管されていた。知る人ぞ知るという存在であったが、大宮の鉄道博物館開設（二〇〇七年）に伴い同館に移され、ヒストリーゾーンの目玉として展示されている。

甲武鉄道時代の構造物と遺産

ドイツ製橋梁

甲武鉄道では、飯田町から万世橋への市街線建設に際して、架道橋としてドイツ製の道床式複線プレートガーダーを採用した。それらは現在も使用されており、例えば、水道橋駅のすぐ前の新水道橋架道橋や飯田橋〜水道橋間の小石川橋通架道橋の橋桁をよく見ると、ドイツのハーコート（Harkort）社で一九〇四年に製造されたことを示す銘板が付いている。銘板があ

ハニフ１／鉄道博物館（大宮）

水道橋駅前の架道橋も、甲武鉄道以来のドイツ（ハーコート社）製

ハーコート社の銘板
／小石川橋通架道橋

小石川橋通架道橋

るのはそこだけではないので、線路づたいに探してみると面白い。ただし、見上げてばかりいてクルマに轢かれないようくれぐれもご注意を。

電車の線路は一九〇四（明治三七）年一二月に御茶ノ水までのびたが、長距離列車は飯田町をターミナルとしており、国有化後も中央線のターミナルといえば飯田町であった。一九一一年に神田の好文堂から出版された『中央線鉄道唱歌』の一番の歌詞も、「霞たなびく大内や、御濠にうかぶ松の影、栄行く御代の安らけく、列車は出ずる飯田町」となっている。

飯田町駅跡

国有化後の一九一二年四月一日に万世橋駅が開業し、同駅が新たな中央線電車のターミナルとなった。一九二八（昭和三）年一一月には電車の駅として飯田町と牛込の間に飯田橋が開業（これにより牛込駅は廃止）。飯田町の存在意義は薄れ、やがて長距離列車も新宿始発となり、一九三三年七月には貨物駅となってしまった。飯田町駅には、一九七二年に飯田町紙流通センターが開業し、首都圏の物資別ターミナルの一つとして、印刷用紙輸送の拠点となった。しかし、印刷業者の郊外移転が進み、都心部に拠点を置く必要性が薄れたことや、コンテナ時代に対応できない設備であることなどから、一九九七（平成九）年三月二二日のダイヤ改正を機に廃止された。

飯田町駅の跡地は再開発されて、ＪＲ東日本のホテル・エドモント、ＪＲ貨物の本社ビルなど高層ビルが立ち並ぶ新市街が出現した。飯田橋〜水道橋間で飯田町駅側へ分岐していた線路や高架橋も取り外されて、かつての中央線ターミナルの面影はおろか、そこに貨物駅があったことすらわからなくなりつつある。

しかし、再開発によって飯田町駅の記憶が完全に消し去られてしまったのかといえば、そうでもない。飯田町アイガーデンエアと命名され、二〇〇三年三月にグランドオープンした再開発地区の中心に、アイガーデンテラスという商業ビルがある。このビルの外観は「都市の中の緑の丘」をイメージしたものということであるが、大きな石の箱を階段状に積み上げたようなデザインは、倉庫群を表現しているようにも見える。そして、そこへ向かう歩道上には、かなりの長さにわたってレールが埋め込まれている。倉庫とレール、それはまさにかつての貨物駅の記憶を呼び覚ます巧妙

モニュメントのように置かれている車輪

アイガーテンの歩道に
埋め込まれたレール

な仕掛けではないだろうか。再開発の主たる推進者がJR貨物ときけば、そんな意図が隠されていても不思議ではないように思う。再開発地区東側の日本橋川に架かる新三崎橋のたもとに、飯田町土地区画事業竣工記念碑が立っているが、その後ろの植え込みに貨車の車輪が二つ置かれている。これもまた貨物駅の記憶を留めておきたいという配慮であろうか。記念碑と

甲武鉄道飯田町駅の碑

いえば、飯田橋駅から目白通りを九段下方向へ歩いていくと、左側歩道上に「甲武鉄道飯田町駅」の碑が立っている。

御所トンネル

甲武鉄道が山手線の内側の既成市街地へ路線（市街線）をのばせたのは、江戸城の外堀を上手く利用して用地を確保することができたからである。それでも、トンネルを設けなければならない箇所が四カ所あった。そのうち現存しているのは、建設時の長さが九五〇フィートと最も長い「御所トンネル」のみ。その名のとおり、赤坂御所（現在は迎賓館）の下を通過するためのもので、現在は総武緩行線の下り線に用いられている。四ツ谷側の坑門（トンネルの入口部分）は煉瓦積みの開業時の姿を留めており、地下鉄丸ノ内線四ツ谷駅の新宿方面行きホームから、その威風堂々たる造形を眺めることができる。

ところで、九五〇フィートをメートルに換算すると二八九・六メートルとなるが、現在、坑門には「旧御所トンネル３１７メートル」と表示されている。開業時よりも距離がのびたことになるが、これは信濃町側の坑門部分をコンクリートで補強し延伸したことによるものとみられる。『甲武鉄道市街線紀要』によれば、このトンネルをはじめ、甲武鉄道市街線建設に用いられた煉瓦は、金町製瓦会社（近代的な機械製煉瓦工場の草分けの一つで、一八八八年創業）で製造されたものである。

中央線の沿線には、明治期の特徴をもつ鉄道遺産として興味をひくものがほかにも存在している。それは、ポーナル型と称される英国式のプレートガーダー（鈑桁）である。桁の横腹の補鋼材（スティフナー）の先端がJの字型に曲がっているので見分けがつく。「ポーナル型」のプレートガーダーが現在も同じ場所で鉄道橋のまま使用されている例として、すでに中央線多摩川橋梁（上り線）を取り上げたが、残念ながら都区内には現役の鉄道橋として使用中のものはない。しかし、道路橋などに転用されているものはある。例えば、新宿駅南口の跨線橋（改札口下）や四ツ谷駅の真上を跨いでいる道路橋（三栄通り）、四ツ谷から信濃町へ向かって、新御所トンネルを抜けた所で頭上を跨いでいる小さな道路橋をよく見ると、「ポーナル」の形をしている。これらは、明治期にどこかで鉄道橋として使用され、その後、転用されたものではないだろうか。鉄道橋のままではなくても、ホームや車窓から見える身近な所に、こうした明治期の特徴をもつ鉄道遺産が存在しているのは嬉しいことである。

新宿駅南口下の「ポーナル」

59　最初の都市鉄道、甲武鉄道市街線の遺産

参考メモ・JR中央線略年表			
1889	明治22	4.11	甲武鉄道新宿～立川間開業
		8.11	甲武鉄道立川～八王子間開業
1891	24	1.10	甲武鉄道業務を独立自営（それまでは日本鉄道に委託）
1894	27	10. 9	甲武鉄道新宿～牛込間開業
1895	28	4. 3	甲武鉄道牛込～飯田町間開業
1901	34	8. 1	中央本線八王子～上野原間（官鉄中央東線）開業、甲武鉄道八王子駅は移転し接続
1904	37	8.21	甲武鉄道飯田町～中野間電化。電車の運転開始
		12.31	甲武鉄道飯田町～御茶ノ水間開業
1906	39	10. 1	甲武鉄道国有化
1908	41	4.19	御茶ノ水～昌平橋間開業
1910	43		東京砂利鉄道国分寺～下河原間（貨物線）開業
1912	45	4. 1	昌平橋～万世橋間開業
1919	大正 8	3. 1	東京～万世橋間開業、電車の「の」の字運転開始
1920	9	5.25	鉄道省が東京砂利鉄道を買収、国有化（下河原支線）
1921	10	11.27	下河原支線を国分寺駅構内側線に変更
1930	昭和 5	4. 1	多摩川支線・貨物線　多摩川信号場～多摩川原間開業
		12.20	電車運転区間が浅川（現・高尾）までのびる
1933	8	7.14	飯田町駅が貨物駅となる
1934	9	4. 2	国分寺～東京競馬場前間開業、競馬開催日のみ電車運転
1944	19	9.30	国分寺～東京競馬場前間休止
1946	21	5.31	多摩川信号場～多摩川原間休止
1947	22	4.24	国分寺～東京競馬場前間復活
1949	24	11.21	国分寺～東京競馬場前間定期運転
1951	26	4.14	三鷹～武蔵野競技場前間（通称武蔵野競技場線）開業
1952	27	7. 1	国分寺～下河原間（貨物線）復活
1959	34	10.31	三鷹～武蔵野競技場前間廃止
1966	41	4.28	中野～荻窪間複々線化。営団地下鉄東西線と相互乗入れ運転開始
1967	42	7. 3	特別快速電車運転開始
1969	昭和44	4. 8	荻窪～三鷹間複々線化
1973	48	4. 1	国分寺～東京競馬場前間廃止（一部路線は武蔵野線に転用）
1987	62	4. 1	国鉄を分割・民営、JR東日本発足

常磐線隅田川貨物駅界隈

隅田川貨物駅とは

常磐炭の受け入れから始まる

　常磐線は日本鉄道時代に建設され、現在の東京都区内にあたる区間を見ると、田端〜隅田川間および田端〜南千住〜土浦間が一八九六（明治二九）年一二月二五日に開業している。日暮里〜三河島間が開業して、常磐線が現在のような日暮里分岐の形となるのは九年後の一九〇五年四月一日から。最初の開業区間のうち田端〜隅田川間は、南千住駅の東側に同駅と同時に開業した隅田川貨物駅に至る貨物線で

広大な隅田川貨物駅

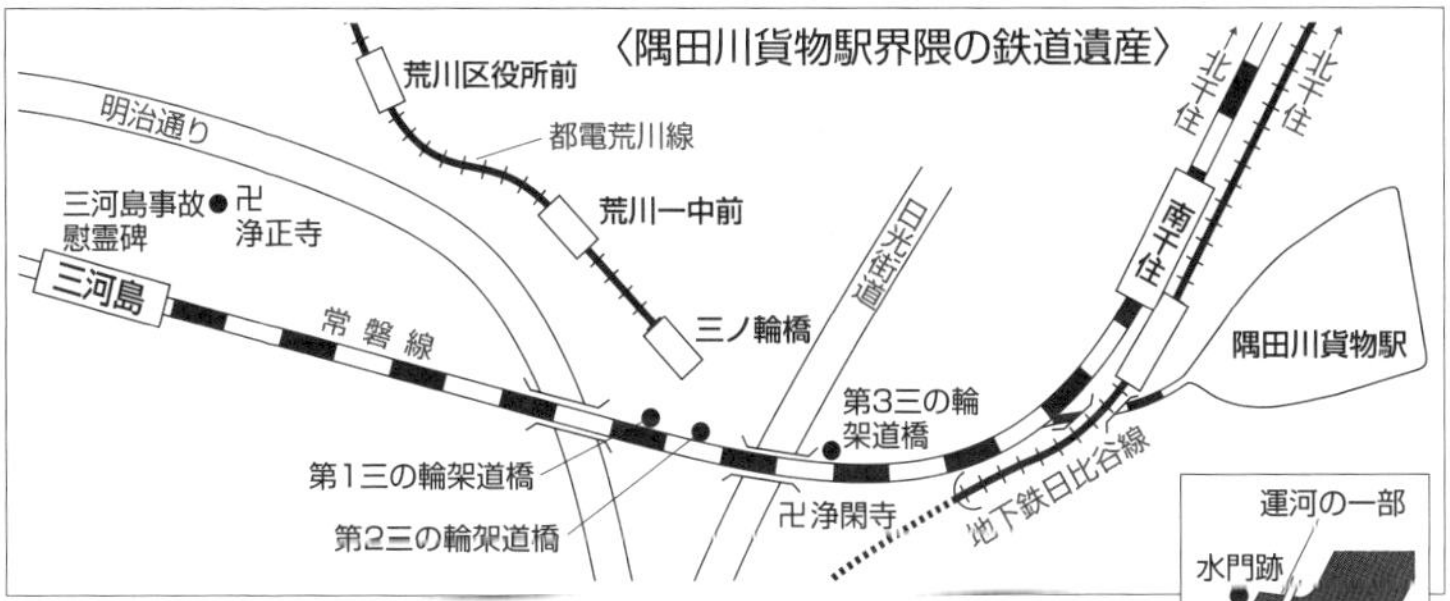

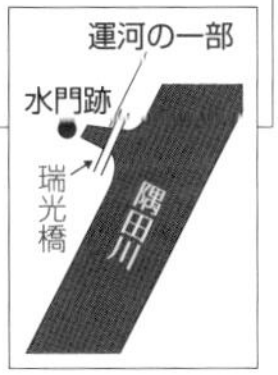

ある。東京の貨物駅としてもっとも古いのは秋葉原で、上野駅から貨物を分離するために線路をのばして、一八九〇年に開業している。それに次ぐのが隅田川貨物駅というわけで、現存するものでは最古となる。

隅田川駅は、上野駅の貨物の肩代わりと常磐炭の受け入れ先として設置され、その後は東北、北海道方面からの荷を受ける拠点貨物駅として発展した。秋葉原駅の雑貨に対して、石炭や木材、砂利といった重量物（荒荷）が貨物の中心であった。なぜこの場所なのかといえば、当時はまだトラックは存在せず、市内の荷主へこうした重量物を届けるには水路の利用が一番適していたからだ。蛇行する隅田川に突き出したようなこの地に貨物駅を設ければ、水陸の連携が容易になると考えられたのである。

水陸連携の遺構

舟運への積み替え施設を水扱積卸場《みずあつかいつみおろしじょう》と称したが、取り扱い貨物量の増加とともに拡張整備が行われ、構内中央部には三つのドックが設けられた。現在、ドックはすべて埋めたてられてコン

隅田川貨物駅に続いていた運河の一部が残っている

かつてドックがあった場所がコンテナの取扱場に／隅田川貨物駅

テナの取扱場となっている。しかし、隅田川とドックをつないでいた運河の一部はかろうじて残っており、少し前までは水門（一九五三年設置）も存在し、船の出入りをコントロールしたであろう信号灯が、わびしく原っぱをにらんでいた。しかし、近年、運河の周辺では再開発がすさまじい勢いで進行し、水門が取り壊されただけでなく、運河に架かっていた瑞光橋も架け替えられ、地域の雰囲気は一変してしまった。幸いなことに、残っていた運河の周辺は瑞光橋公園として整備され、水門基部のコンクリート構造物も保存された。そこには説明板も設置され、水門の来歴だけでなく、隅田川駅が鉄道（常磐線）と隅田川の水運を結びつける構造をもっていたことなどが記されている。

南千住～三河島間を歩く

煉瓦積の橋梁が集中

隅田川貨物駅を眺めたら、南千住から三河島まで線路に沿って歩いてみたい。常磐新線（つくばエクスプレス）工事との関連で南千住付近は様変わりしてしまい、煉瓦づくりの橋台で風情のあった第2南千住開渠も、今はコンクリートに姿を変えている。しかし、このあたりの煉瓦構造物がすっかり姿を消してしまったわけではなく、日光街道の手前、新吉原の遊女の「投げ込み寺」で知られる浄閑寺の近くには、立派な煉瓦アーチ橋の「第3三の輪架道橋」が現存している。このアーチ橋には特徴がある。よく見ると、アーチ部の煉瓦の積み方が一様ではない。正面からは全部が小口積みに見えるのが一般的だが、このアーチ橋では、一部分だけ長手に積まれている所がある。これは強度を増すための手法で、竪積《たてづ》みと呼ばれる。

日光街道の次のガード、都電の三ノ輪橋駅から続く商店街の中にある「第2三の輪架道橋」の橋台は、角の部分に石材（隅石）が入った、どっしりした感じの煉瓦積みだ。さらに進むと、イトーヨーカドー脇の「第1三の輪架道橋」にも同様の煉瓦積み橋台がある。明治二〇年代の煉瓦構造物が、都区内でこれだけまとまって存在している所も珍しい。これらの煉瓦はどこで製造されたものだろうか。この近くでは、金町の煉瓦製造所（金町製瓦会社）の存在がよく知られている。その製品は前述のとお

第3三の輪架道橋

り、甲武鉄道市街線（新宿〜飯田町）建設に用いられたとされるが、常磐線のこの区間に用いられたかどうかについては、記録がなく、わからないようだ。

事故の記憶

この三河島〜南千住間は、一九六二（昭和三七）年五月三日に起きた三河島事故の現場でもある。機関士の信号誤認をきっかけとした三重衝突により、死者一五九名、重軽傷者四三〇名を出したこの大事故を教訓に、国鉄は、停止信号を無視して進行した場合には自動的にブレーキがかかるATS（自動列車停止装置）の全線区への設置に取り組み、一九六六年に完了した。尊い犠牲の上に、今日の鉄道輸送の安全が確保されているということを、忘れてはならないだろう。三河島駅から北へ

三河島事故慰霊碑／浄正寺

三〇〇メートルほどの浄正寺に、事故の慰霊碑がある。題字は当時の国鉄総裁十河信二が揮毫《きごう》したもので、裏面に犠牲者全員の名が刻まれている。

「日本鉄道」を探そう

ところで、この常磐線や東北本線、高崎線、山手線を建設したのは、日本鉄道会社であった。同社は一九〇六年に国有化されるまで、わが国最大の私鉄であったが、もはやその名は歴史のかなたに消え去り、ふだん目にすることはない。しかし、その消滅から一世紀以上が経つ今日でも、存在した証を意外に身近な所で見つけることができるのだ。それは、駅ホーム上屋の柱や梁、跨線橋の骨組みなどに再利用されている古レールである。その中に、日本鉄道が外国から輸入したレールが含まれているケースが多い。レールの横腹には、製造元、製造年、発注者などのデータが刻印された部分（文字が読めるように浮き出させたものでロールマークという）がある。例えば、「KRUPP 1885 NTK」とあれば、「ドイツのクルップ社で一八八五年に製造されたレールで、発注者はＮＴＫすなわち日本鉄道会社」ということになる。ＮＴＫの刻印のあるレールは、都内各駅にたくさん残っているので、電車を待つ間に探してみるのも一興ではないだろうか。

第2章

市街高架線は巨大な東京遺産

レトロな高架線は都市の年輪

東京の鉄道路線網と高架線

味わい深い都市の構造物

スクラップ&ビルドが激しく進行し、ビルも街路もどこかとりすました現代風の装い一色のような都心部にあって、ひたすらレトロで温もりのある雰囲気を漂わせているモノがある。新橋駅から東京駅、神田駅を経て、御茶ノ水駅へと続く高架線の多くの部分を占める赤煉瓦の連続アーチ橋がそれである。途中には、日本を代表する赤煉瓦建築の東京駅丸の内駅舎がある。さらに、神田駅~上野駅、御茶ノ水駅~両国駅間も含めて、都心を貫く鉄道には、武骨でありながら味わい深い構造美をみせる鋼製の橋梁も数多く存在している。もしも、それらの鉄道構造物がなかったとしたら、東京という都市は、実に薄っぺらな印象しか与えないのではなかろうか。それらは、いわば東京という大樹の年輪のようなもので、この都市に積み重ねられた人間の営みを語り、現代に生きる我々に歴史の重みを感じさせてくれる貴重な存在なのである。都市には風格というものがなくてはならないが、そうした面でも、鉄道構造物は、相当大きな役割を果たしているといえるのではないだろうか。

路線網の形成史

都心部の鉄道遺産を訪ねる前に、東京の鉄道路線網が、いつどのようにして形成されたのか、少しおさらいしておこう。

東京初心者に、東京の地理を説明する際には、ＪＲの鉄道路線図を「座標軸」として使うことが多いのではなかろうか。まずは都内をぐるり一周している山手線を頭に描いてもらう。次に、田端から品川までを山手線と共有しつつ南北方向に都心を貫いて走る京浜東北線。そして、山手線を串刺しにして東西方向を結ぶ中央線と総武線。最低限それらを頭に入れて「座標軸」としてもらえれば、都内の様々な場所の位置関係を理解するのに役立つことは間違いないからだ。

それらの路線は、東京という都市のいわば骨格をなすものだが、もしも、それらの路線が存在していないか、もしくは途中で切れていたとしたらどうだろうか。実は、東京の鉄道路線網は、最初からそのような形をしていたわけではない。東京をぐるり一周する山手線と書いたが、先に述べたように、正式な線名としての山手線は、田端～新宿～品川間を指し、田端～

東京間は東北本線、東京〜品川間は東海道本線である。「京浜東北線」という線名は存在しない。山手線は当初は環状運転を行う線ではなく、上野を起点として北へ路線をのばした日本鉄道（現在の高崎線や東北本線）が、新橋を起点とした官設鉄道（現・東海道本線）との連絡を図るために、当時の東京市域の西縁に建設したのがそのルーツ。一八八五（明治一八）年三月一日、赤羽〜品川間を開業している。日本鉄道はその前年に高崎、前橋（当初の駅は利根川西岸）へ達し、この年の七月には宇都宮まで開通している。

山手線と甲武鉄道市街線

山手線という線名は、開業時にはついておらず、品川線と通称されていた。開業当初、赤羽〜新橋間を直通する日本鉄道の列車が一日三往復運転され、同月一六日から四往復となった。その後、日本鉄道が東北地方へ路線をのばすに従って、同線を利用する旅客・貨物輸送量は漸次増加したと記録されている。現在は東京の有力な繁華街の一つである池袋や渋谷も、当時は既成市街地から離れた寂しい場所であり、品川線は、現在のような都市交通路線ではなく、あくまで日本鉄道と官設鉄道との連絡線という位置付けであった。

その後、一九〇三（明治三六）年四月一日に田端〜池袋間が開業し、当初「豊島線」の名で建設されたが、その後、品川線と合わせて山手線となったことについては、第1章で触れたとおりである。このように、当初は日本鉄道と官設鉄道の連絡線にすぎなかったものが、次第に短区間の利用者が増加し、田端～池袋間開業時には、短距離の頻繁運転にふさわしい小型機関車が用いられるようになるなど、都市交通機関としての役割を担うようになっていった。

「品川線」の新宿を起点として、一八八九年四月一一日立川へ、同年八月一一日に八王子まで開業したのが甲武鉄道（中央線の前身）であった。その後、甲武鉄道は都心方向への路線、いわゆる市街線建設に着手し、一八九四年一〇月九日新宿～牛込間を開業し、翌年四月三日飯田町に至る。一九〇四年には御茶ノ水まで開業させ、さらに万世橋を目指して工事を進めていたところで、国有化された。

一方、千葉方面と東京を結ぶ、現在の総武本線にあたるルートは総武鉄道の手によって建設された。一八九四年一二月九日、市川との間が開業した際の東京側のターミナルは市街地の東のはずれの本所（現・錦糸町）であった。都心への乗り入れを目指したが、都市計画の元締めである市区改正委員会により、市内への乗り入れは道路との立体交差を条件とされたため、莫大な資金を投じて高架線を建設し、ようやく一九〇四年四月五日、両国橋（一九三一年に両国と改称）に達した。この結果、錦糸町～両国間はわが国最初の鉄道高架線となった。

ばらばらだった鉄道ターミナルをつなぐ

新橋・上野・万世橋・両国

一九〇六～〇七年、前述の日本、甲武、総武の各私鉄は国有化され、すべて国鉄線となった。しかし、明治末年の状況をみれば、旧日本鉄道の東北本線は上野を、旧甲武鉄道の中央本線は万世橋（長距離列車は飯田町）を、旧総武鉄道の総武本線は両国橋を、そして東海道本線は新橋をターミナルとしており、相互の連絡は路面交通に依存せざるをえなかったのである。パリやロンドンでは、現在も頭端式の方面別ターミナルが市内にいくつも存在しているが、当時の東京もそのようなスタイルであった。

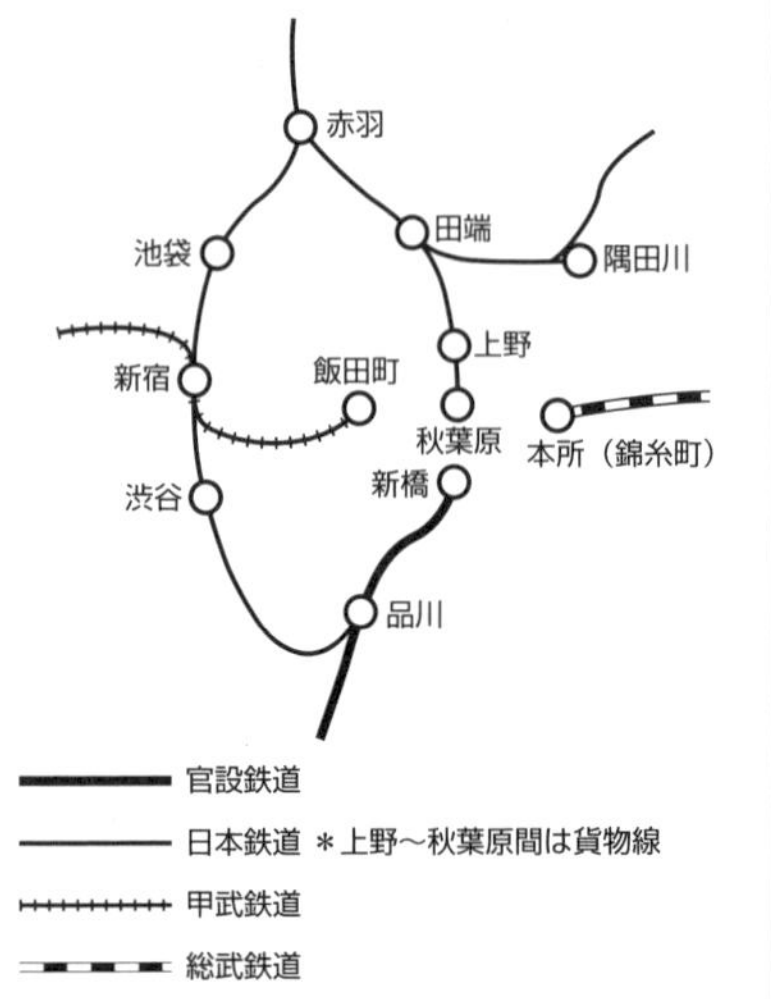

1896(明治29)年末現在の
東京(多摩を除く)鉄道路線網

鉄道によって直接それらが結ばれていれば便利なことはいうまでもないし、鉄道側にもその願望は強かったが、そう簡単に事は運ばなかった。旧市内への乗り入れを難しくする大きな要因として、鉄道事業者の前に立ちはだかったのが、東京における最初の都市計画事業として取り組まれた「市区改正事業」であった。

東京になる前の江戸の市中には、行政区画などというものはなく、武家地や寺社地には町名さえついていなかった。身分別ではない、近代的な行政区画に基づく行政を行うために、明治四年の廃藩置県後、各府県内では、数字で区域を表す「大区小区」制度がとられた。その後、一八七八（明治一一）年一一月二日に郡区町村編成法が施行され、東京府内では、中心部（かつての江戸市中にあたる地域）に、地名を付けた一五の区が、その周りには六つの郡が置かれた。東京一五区時代の始まりである。ちなみに、一五の区名は麹町、神田、日本橋、京橋、芝、麻布、赤坂、四谷、牛込、小石川、本郷、下谷、浅草、本所、深川。六つの郡名は荏原、南豊島、北豊島、東多摩、南足立、南葛飾であった。

一八八九年に市町村制が施行され、一五区の上に東京市が置かれた。しかし、当初は府知事が市長を兼ねるなど、市の自治は認められなかった。一八九八年になってようやく自治制を獲得し、市役所が開設されたのである。なお、現在の多摩地域にあたる三多摩は、当時は神奈川県に属しており、東京府に編入されたのは、一八九三年になってからである。

市区改正事業と鉄道

東京市内一五区を対象に計画されたのが、近代的な都市づくりを目指す市区改正事業であった。一八八八年、わが国最初の都市計画法制である東京市区改正条例が公布された。計画策定のために市区改正委員会が組織され、その翌年、マスタープランである東京市区改正設計（旧設計）が告示された。

そこには、道路、河川、橋梁、市場、公園、火葬場、墓地といった近代的都市に欠かせない様々な都市基盤づくりの事業が盛り込まれていた。鉄道の整備についても、新橋～上野間を高架線で結び、その中間に中央停車場を設置することが謳われた。さらに、将来敷設が必要になると見込まれる市内鉄道として、七路線を掲げた調査報告書が作成された。山手の高台部分は隧道とし、下町の低地は煉瓦アーチ橋または鉄橋などを用いて高架とし、踏切の必要でない所だけは地上線でもよいことにするなど、道路との立体交差を強く求める内容となっていた。さらに、複線とすることや、駅間距離を短くするといった注文もついていた。もっとも、市内鉄道の実現は、市内の経済活動がもっと活発になってからという趣旨のことが述べられており、早期の実現は念頭になかったようだ。

市内乗り入れの高いハードル

ここで重要なことは、道路整備とのからみで、市区改正区域内に敷設する鉄道に関しては、道路交通を阻害しないように、すべて立体交差とすることが義務づけられたことである。近代的都市づくりの観点からは当然といえようが、実際に鉄道を敷設する事業者からすれば、地表の鉄道と比べて莫大な建設費を要するわけで、市域内へは簡単には乗り入れられないことを意味した。

市区改正設計は、その後、手直し（縮小）され、一九〇三（明治三六）年、東京市区改正新設計が告示された。市区改正事業が始まる前に敷設された新橋や上野への路線と、市民の生活物資の搬入に役立つことから、特例として地表への敷設が認められた上野〜秋葉原間の貨物線を除けば、市区改正対象地域内に本格的に路線をのばすことができたのは、甲武鉄道のみである。それが可能であったのは、進入ルートに江戸城の外堀を利用し、赤坂御所の下はトンネルで抜けるなどして、道路との平面交差を上手に避けることができたからである。

一方、前述の総武鉄道は、本所（現・錦糸町）〜両国橋（現・両国）間を高架で建設したものの、資金難からその先へ線路をのばすことはできなかった。この結果、その後、長い間、両国は千葉方面へのターミナルとしての地位を保つことになった。風格のある駅舎（現駅舎は一九二九年に竣工、現在は飲食店が使用）や、一部残存している頭端式ホーム（現在使用できるのは三番線のみ）が、東京の東の玄関として存在感を示していた時代を思い出させてくれる。

市区改正事業区域内（旧市内）へ鉄道を敷設するには、必ず道路との立体交差を図らねばならないという条件、すなわち高架か地下でなければ、市域内へは入れないというハードルの高さが、その後の東京の鉄道網の形成を大きく制約した。西側では、市域の西縁にあたる山手線を越えてその内側へ進入することはかなわず、各私鉄は、池袋、新宿、渋谷といった山手線との接続地点をターミナルとしたのである。東側では、東武鉄道の浅草（現・業平橋《なりひらばし》）、京成電気軌道の押上《おしあげ》のように市域の境界付近にターミナルが置かれた。

結局、東京の都心部を高架で貫く鉄道は、公共事業すなわち国鉄線として建設されたもの以外には実現しなかったのである。そのいわゆる市街線の建設も容易ではなく、明治末期に着手してから、完成に至るまでには長い年月を要している。今日、東京の都心部にレトロな雰囲気を漂わせている煉瓦の連続アーチ橋をはじめ、当時の技術の粋を集めて建設された市街線は、意匠も含めて見所は多く、興味は尽きない。

赤煉瓦の連続アーチ高架橋

プランの起源と具体化

中央停車場の設置とオフィス街の建設

先に述べた市区改正設計の中には、新橋と上野を結ぶ鉄道敷設とその中間に首都にふさわしい中央停車場を設置し、その周辺を近代的オフィス街とするというプランが含まれていた。

この計画を受けて一八九〇（明治二三）年九月一七日、内務大臣より鉄道庁長官に対して、中央停車場の設置とそれ以南の新橋に至る区間を官設鉄道として建設すること、それ以北、上野に至る区間は日本鉄道に委ね、同社が負担に耐えられない場合、秋葉原を境に工事計画に着手するようにという訓令があった。そこで仙石貢技師が調査を担当し、計画は具体化へむけて動きだすことになった。しかし、そう簡単に事が進んだわけではなかった。

街づくりの方が先行した。丸の内、日比谷一帯は、元は武家地であり、明治維新後は司法関係の役所のほか、兵営、練兵場などの軍関係施設が置かれていた。一八八七年に東京鎮台歩兵第三連隊が麻布へ移転したのをはじめ、軍施設が次々と郊外地へ移転し、東京のど真ん中に広大な空き地が出現した。その土地は、移転費用捻出のため、一八九〇年、三菱の岩崎弥之助に払い下げられた。当時は「一帯茫々たる大原野」で、夜は物騒極まりなく、「三菱ケ原」などと呼ばれた。三菱は「日本のロンバート街（ロンドンの金融街）」をつくる意気込みで、一大オフィス街の建設に着手する。一八九〇年にコンドル設計の三菱一号館が完成。以後一八九七年の一六号館にいたるまで、赤煉瓦のオフィスビルを次々と建設し、「一丁倫敦《いっちょうろんどん》」と呼ばれる重厚なオフィス街ができあがったのである。

高架線の開通

一方、鉄道建設の方は、一八九〇年に内務大臣より新橋～上野間の高架市街線建設の訓令が出たものの、着手されないまま、日清戦争により棚上げとなってしまった。一八九五年、戦勝景気の余勢をかって、このうち、新銭座《しんせんざ》（新橋駅付近）～永楽町（東京駅付近）間と中央停車場の建設を政府の事業として進める計画が浮上し、一八九六（明治二九）年度から七カ年継続事業とすることで帝国議会の協賛を得た。

こうして、高架市街線建設事業の中で、新橋から中央停車場に至る区間が、真っ先に取り組まれることになったのである。ルートは、新銭座で既設の東海道線から分かれ、烏森（現・新橋）、有楽町を経て、永楽町へ至るものであった。しかし工事は、財政難や日露戦争のために、何度も中止を余儀なくされ、ようやく一九〇九年一二月一六日、浜松町から烏森まで開業。それと同時に、山手線の電車の運転が開始された。翌一九一〇年六月二五日有楽町まで、同年九月一五日には呉服橋（東京駅の北側、東京駅開業時に廃止）まで開業。中央停車場（現・東京駅）は一九〇八年（明治四一）年に工事が始まり、一九一四（大正三）年一二月に開業した。

　この市街線のルートと高架線を煉瓦造連続アーチ橋とすることについては、日本鉄道会社の傭外国人でドイツ人技師のルムシュッテルの案を取り入れたとされる。ちなみに、ルムシュッテルは、草創期の九州の鉄道建設に携わったことで知られているが、本国の首都ベルリン中心

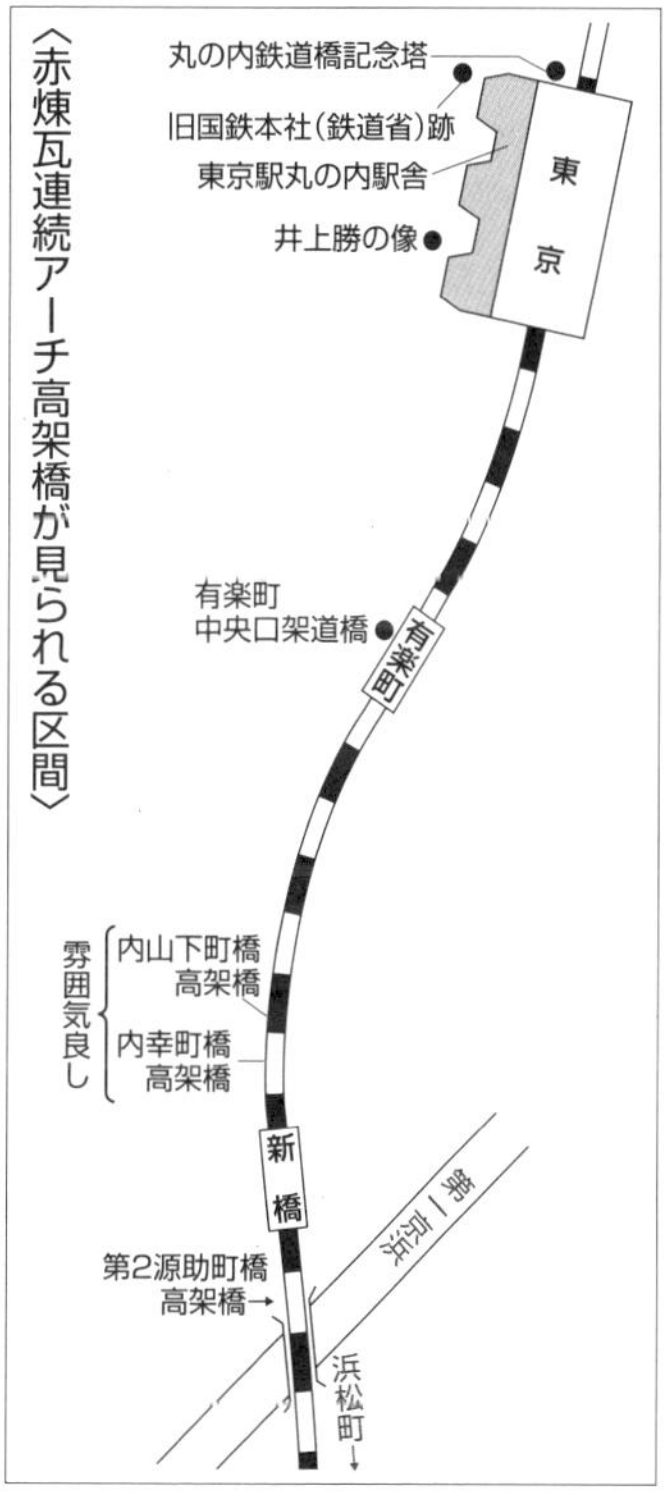

部の市街線も連続煉瓦アーチ橋となっていて、同じスタイルを推したわけだ。なお、もう一人、ドイツ人技術者で逓信省工務顧問のバルツァーという人物がいた。バルツァーは、ルムシュッテルの案とは異なり、新橋から銀座通りを斜めに横断して有楽町へ至る短いルート（銀座線案）と、軟弱地盤や地震国であることを考慮して鋼製のプレートガーダーを主とした高架線を提案。しかし、輸入に頼らなければならない鋼材に比べ、煉瓦なら材料を国産で賄えるし、維持費もかからないということから、バルツァーの案は採用されなかった。しかし、高架線を煉瓦造り連続アーチ橋とすることが決まると、その設計をまかされたのはバルツァーで、その指導の下に日本人技師四名が設計作業に従事したという。

赤煉瓦連続高架橋の諸相

第二源助町橋高架橋からスタート

赤煉瓦アーチの連続高架橋は、浜松町〜新橋間の汐留橋架道橋から始まっていたのだが、近年、再開発と道路建設により第一京浜国道との交差部以南は消滅してしまい、現在、赤煉瓦アーチ連続高架橋が見られるのは、新橋駅から浜松町方向へ二〇〇メートルほどの「第二源助町橋高架橋」から。このあたりは、かつては繁華街ではなかったためか、煉瓦アーチの意匠も凝っているというほどではない。高架下は飲食店等で埋め尽くされていて、無秩序に設置された看板がせっかくの赤煉瓦アーチ橋の持ち味を台無しにしている。新橋駅手前が「日陰町橋高架橋」で、ここも雑然とした雰囲気。新橋駅の所が「烏森橋高架橋」であるが、煉瓦の上にコンクリートやタイルなどが張り付けられてしまい、赤煉瓦の構造物であることさえわからない。ただし、改札口やコンコースの天井はアーチ状であり、アーチ橋の下に駅が収まっているのがわかる。

見応えのある新橋～有楽町間

新橋駅の東京寄りの二葉橋架道橋の先は、短い「二葉町橋高架橋」で下は飲み屋街。幸橋架道橋を越えた所から始まる「内幸町《うちさいわいちょう》橋高架橋」は雰囲気が良い。アーチとアーチの間に扇形に配された黒塗り鉄扉がアクセントとなり、煉瓦の美しさを引き出している。建設当時の気品と風格が感じら

現存している赤煉瓦連続高架橋の南端に位置する第２源助町橋高架橋

れるようだ。内幸橋架道橋を過ぎると、内山下町橋高架橋となる。ハイヤーの車庫や飲食店、印刷所などいろいろに利用されているが、ここも雰囲気は良い。山下橋架道橋の先は第一有楽町橋高架橋となり、高架下は飲食店が多くなる。

このあたりの中華料理店入口の壁面に、「日本鋼弦コンクリート発祥地」のプレートが貼られているのを見た記憶がある（現在は看板で隠れてしまったのか見当らない）。鋼弦コンクリートというのは、引張力に弱いコンクリートの欠点を補うため、ピアノ線や鋼棒（鋼線）を引っ張った状態で補強材として用いたコンクリートのことで、今日ではプレストレスト・コンクリート（略称ＰＣ）と呼ばれている。この赤煉瓦アーチの高架橋が建設された時代には、この技術はまだ存在せず、国鉄が研究に着手したのが一九四一（昭和一六）年、本格的実用化は戦後になってからということ（『日本国有鉄道百年史』一四巻による）であるから、この場所でいつどのように使用されたものだろうか。

第一有楽橋架道橋を過ぎると、第二有楽町橋高架橋となる。飲食店はもちろん、洋品店や旅行代理店などいろいろな店が高架下に軒を並べ、看板も多いので、赤煉瓦のアーチであるということがほとんどわからないぐらいである。途中から有楽町駅となるが、同駅は日本で最初の、独立した駅舎をもたない高架下の駅である。駅は第二有楽橋架道橋を跨いで、次の第三有楽町橋高架橋まで続き、駅の中央部に有楽町中央口架道橋と称する二連の煉瓦アーチ橋がある。それも第三有楽町橋高架橋の一部のようなのだが、下が歩道であるため煉瓦アーチの形がよく見える。第三有楽橋架道橋を過ぎると、第四有楽町橋高架橋となる。このあたりは、高架下のみならず、その外側に張りだすようにして飲食店などが並んでいるため、煉瓦アーチが隠れてしまっている。鍛冶橋架道橋を過ぎると鍛冶橋寄高架橋となり、東京駅に至るのだ。現在の東京駅駅舎の少し先（神田寄り）の呉服橋までが、当時建設された赤煉瓦造連続アーチ橋である。

高架橋に沿って歩いてみると、赤煉瓦が目に付くところはあっても、意識的に赤煉瓦構造物の肌合いを生かそうとしている所はほとんどないことがわかる。とくに駅に近い、人通りの多い所ほど、高架下が飲食店などに利用されている場合が多いのだが、赤煉瓦を生かすというよりは、看板などで隠してしまっているほうが多いのだ。この高架橋の煉瓦は、埼玉県の上敷免《じょうしきめん》

原型に近い雰囲気が味わえる内山下町橋高架橋

村（現在の深谷市域）の日本煉瓦製造で焼かれたもので、煉瓦を積む前に、職人が一つ一つブラシをかけて磨き上げたという。地盤の悪さを克服するために基礎には松丸太を何本も打ち込み、優秀な技量をもった職人が丁寧に積み上げた煉瓦橋梁は、関東大震災や空襲にも耐えて、今日も東京の大動脈を支えているのである。この偉大な遺産を活用し、煉瓦の美しさを前面に押し出した町づくりはできないものだろうか。

美しい東京駅丸の内駅舎

東京駅の構造

中央停車場すなわち東京駅の基本的な設計は、バルツァーの意見に基づいているといわれる。しかし、駅舎についてはバルツァー提

ライトアップされた東京駅。戦後長い間この姿で親しまれてきたが、すでに見ることはできない

案の純和風の建物とせず、東大教授で当時最も著名な建築家であった辰野金吾博士に設計を依頼して、ルネサンス様式とした。その結果、鉄骨赤煉瓦造り三階建、建物の全長は三三五メートルもあり、両端の乗車口、降車口には、丸い帽子状の飾り屋根をのせた八角形の巨大なドームがそびえるという、欧風の威風堂々たる駅舎ができあがった。

使用された煉瓦は八九〇万個、鋼材三五〇〇トン、基礎の松杭一万一五〇〇本というから、いかに大がかりな工事であったか想像できる。意匠にこだわり、窓枠や腰まわり、車寄せ、柱形装飾といった要所は、白い花崗岩を使ってひきしめ、外壁には化粧煉瓦が小口積みで張り付けられている。戦災でドームの丸屋根と三階部分の一部が失われた後も、なお気品のある美しさを保ってきた。夜間照明に浮かび上がる姿などは、日本の鉄道のシンボルと呼ぶにふさわしい見事さであった。煉瓦時代の最後を飾る、現存する最大の煉瓦建築物、それが東京駅丸の内駅舎なのだ。現在、創建当時のスタイルに復元する工事が進行中であり、完成後が楽しみである。工事中の現在は見ることができない所も多いが、東京駅にはどんな見所がある（あった）のか記しておくことにする。

駅舎の中央部には皇室用の出入口があり、その傍らに「東京駅」と刻まれた石碑がある。その前で記念撮影する人は多いが、その石は八重洲の外堀に使われていたものという。駅舎の正面に立っているのが、第1章でも取り上げた「鉄道の父」井上勝の像。台座に記録されているところによれば、一九一四（大正三）年一一月に建立され、昭和三四年一〇月再建とあるので、戦時中は供出の対象になったのだろうか。再建時には別の場所にあったようで、昭和三八年四月移設という記載もある。

歴史を見つめてきた東京駅

丸の内駅舎は、二つのドームをもつ。南口ドームは北口のドームと比べると、周囲にカフェやレストラン、はとバスの営業所などがあるせいか、ラッシュ時以外でも人の動きがありにぎやかである。上方には、東京駅開業の翌年（一九一五年）にオープンした東京ステーションホテル（復元工事中は休業し、二〇一一年再開予定）の回廊がある。この回廊から改札口付近を見下ろす眺めは、映画の一シーンのような趣があったが、復元工事完成後の風景はどのようになるのだろうか。

南口改札口横の床に「原敬暗殺現場」を示

この上に大きなドーム状の屋根が復元される予定

した印が付けられている。その近くには説明プレートもある。政友会総裁であった原敬は、一九一八年、初めて政党内閣を組織し、平民宰相と呼ばれた。しかし、社会運動に冷淡で普通選挙の実施を拒んだことや、疑獄事件が相次いだことなどからその政治に不満をもつ国民もおり、一九二一年一一月四日、鉄道員の中岡艮一に短刀で刺されて命を落とした。一九三〇年一一月一四日には、国際協調主義の立場で軍縮に力を入れていた浜口雄幸首相が、右翼青年に狙撃されて重傷を負っている（この傷がもとで翌年死去）。特急つばめに乗車しようとホームを歩いていたところを襲われたのだが、「浜口雄幸首相遭難現場」のプレートは、ホームではなく、中央通路の九番線ホームへ上がる階段前方の柱にある。東京駅は、まさに首都東京の中心にあって、激動の歴史を見つめてきたのだ。

見られない場所もある

赤煉瓦駅舎の中には、一般人が入ることのできない所もある。筆者も実見していないが、三大貴

「浜口首相遭難現場」のプレート

賓室と呼ばれる「竹の間」（皇族、国賓、大臣などの休憩室）、「松の間」（最も格式の高い部屋、天皇皇后の休憩室）、「梅の間」（かつては皇族の休憩室、現在は駅幹部の会議室）がそれだ。そして、「竹の間」と「梅の間」を結ぶ通路にある八角形の「鹿の間」、三大貴賓室と各ホームを結ぶ、深紅の絨毯が敷かれた特別通路（長さ約一〇〇メートル）も立ち入ることのできないエリアである。

　南口には郵便物運搬用に東西を結んで設けられた赤煉瓦通路がある。郵便物の運搬は一九七八（昭和五三）年に終了し、現在は業務用通路として使用されている。高さ、幅とも五メートルの赤煉瓦アーチが幻想的で美しいと評判だが、残念ながら、ここも通常は見学不可である。

　誰でも見ることができる場所で煉瓦の味わ

赤煉瓦ドーム

いを生かしているのは、中央通路の突き当たりの「赤煉瓦ドーム」。中央線ホームの重層化工事が完成した一九九五年七月に、赤煉瓦を駅の内側からも見ることができるようにと設置されたもので、待ち合わせ場所として利用している人も多いようだ。東京駅の赤煉瓦といえば、ふだん目にするのは、外壁の小口積みの部分だが、内側を見ることができる場所がある。それは、一九八八年に北口と中央口の間の駅舎内に開設された「ステーションギャラリー」だ。期間を定めて様々な美術展が開催されてきたが、陰の主役は展示室の赤煉瓦の壁といってもよく、重厚なアート空間の創出に貢献してきたが、駅舎の復元工事により現在は休業中である。

北口ドームは、南口ドームと比べるとすっきりした感じで、開業の頃、あまりの広さに

地下の動輪の広場

人々が驚き、あきれたという話が実感できる。教会堂のような厳かさすら感じられるのだ。北口前には、かつて国鉄の本社ビル（一九三七年に鉄道省の本庁舎として完成）が建っていた。そのせいかもしれないが、横断歩道前の歩道上には国鉄の「工」マークがついたマンホールの蓋が今も残っている。

東京駅には、「次代をめざし、鉄道百年の技術を結集して完成した」（説明プレートより）とされる地下駅がある。その丸の内地下北口の改札前には「動輪の広場」が設けられ、国鉄最大・最速の旅客用蒸気機関車であったC62形蒸気機関車の巨大な動輪が飾られている。説明プレートには「日本国有鉄道」の文字もある。分割民営化から二二年が経過し、すっかり影がうすくなってしまった「日本国有鉄道」だが、どっこい東京駅の地下に生きているのだ。

ホームの見所

ホームに目を移そう。東京駅開業時には、四つの島式ホーム（両面に列車が発着できるスタイルのホーム）が設けられていた。現在は、新幹線ホームと重層化された中央線ホームを含めて一〇本（地下ホームは除く）もあるのだから、大変な増え方だ。この中で、山手線外回りと京浜東北線南行電車が発着する五・六番線ホームは、東京駅開業時の姿を留めたホームとして知られ、柱頭にアカンサスの葉の飾りを施した鉄柱（ギリシャ建築のコリント様式の柱を模したもの）が南口階段から有楽町寄りに六対、中央口階段付近にも一対残っている。基部に「明

91　赤煉瓦の連続アーチ高架橋

鉄柱上部の装飾

鉄柱基部の文字

凝った意匠の架線柱。下部の鉄柱と一体化している

開業時の雰囲気を残している東京駅5・6番線ホームと鉄柱

東京駅の0キロ
ポストの一例

18・19番線端の新幹線記念碑

治四十一年一月…」といった文字を読み取ることができる柱もあり、東京駅開業時に設置されたものであることがわかる。製造会社名も記されているが、下半部がホームに埋もれてしまっているので、完全には読み取れない。

上空の架線柱もまたよい。腕の部分に大きさの異なるリングを配したデザインは、シンプルかつお洒落である。隣のホームから見ると、ホームの下部に煉瓦積みの部分があるのがわかる。このホームは、東京駅開業時の姿を偲ぶには絶好の場所であり、見逃せないスポットといえよう。

東京駅ならではというのが、起点の印の0キロポスト。新幹線も含めていくつも存在し、それぞれ形が異なるので、探してみると面白い。通常の0キロポストは、白地に黒ペンキで0と記されただけのそっけないものだが、ここには、ブロンズ製の洒落たデザインのものまである。さすがは日本の鉄道の中心東京駅である。

世界の鉄道の歴史を変えたといわれる新幹線が、東京〜新大阪間に開業したのは、一九六四（昭和三九）年一〇月一日。一九番ホームで行われた六時発「ひかり一号」のテープカットの模様は、全国にテレビ中継された。そのホームの端（大阪側）には、新幹線計画を強力に推進し「新幹線の父」といわれる、第四代国鉄総裁十河信二のレリーフと座右の銘をはめ込んだ記念碑が立っている。

鉄道遺産の宝庫、万世橋界隈

御茶ノ水から万世橋へ

東京～御茶ノ水間は旧万世橋駅を境に建設時期が異なっており、一見同じ連続煉瓦アーチ橋のように見えて、実はそうではない。御茶ノ水～万世橋間は、甲武鉄道が建設に着手した後、同鉄道が国有化されたため、国鉄中央線として開業した区間である。細かく見ると、御茶ノ水～昌平橋《しょうへいばし》間が一九〇八（明治四一）年四月一九日、昌平橋～万世橋間が一九一二年四月一日に開業している。万世橋駅の開業と同時に昌平橋駅は廃止されたので、同駅が存在したことを知る人は少ないだろう。一方、中央線電車の始発駅となった万世橋駅は、東京駅の設計者として知られる辰野金吾博士の手になるネオ・ルネサンス様式の煉瓦・石造り駅舎をもち、駅前広場には日露戦争時の「軍神」広瀬中佐と杉野兵曹長の像が建てられて、東京名所の一つに数えられていた。その様子は、絵はがきにも描かれた。

明治末期に建設された御茶ノ水～万世橋間は煉瓦造り連続アーチ橋で、なかなか凝ったつくりになっている。御茶ノ水駅から線路沿いの淡路坂を下った所にある紅梅河岸高架橋は、それ自体が美しい連続煉瓦アーチ橋だが、その端部、昌平橋架道橋の橋台の装飾の豪華さは目を見張るものがある。実は、そこが万世橋駅開業まで使用された昌平橋駅の跡なのだ。その橋台が支える昌平橋架道橋は、道床式プレートガーダーであるが、それには銘板がついており、第1章で取り上げた小石川橋通架道橋と同じく、ドイツのハーコート社で一九〇四年に製造された

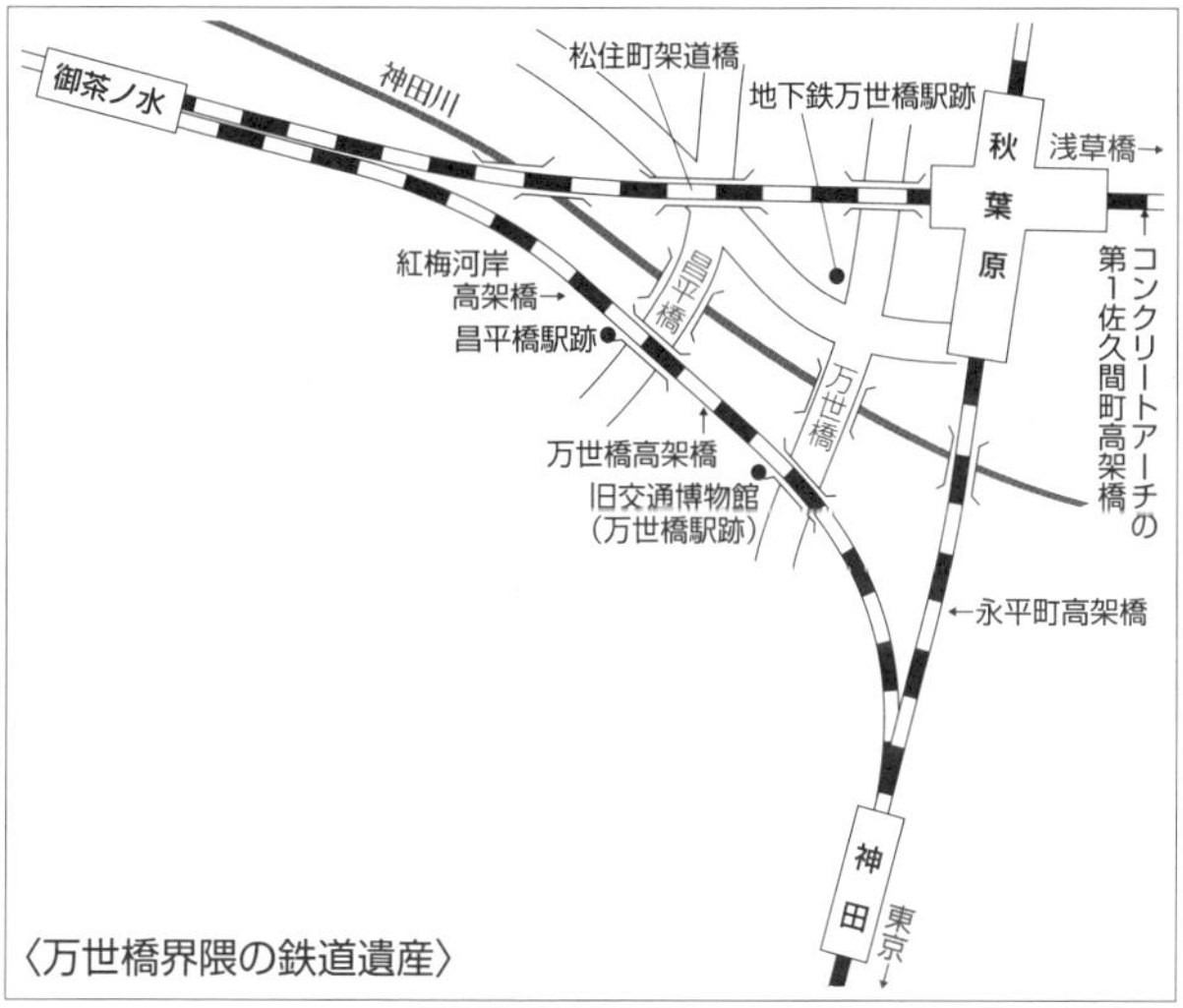

〈万世橋界隈の鉄道遺産〉

ドイツ製プレートガーダーが用いられている昌平橋前の架道橋

ものであることがわかる。

美しさが際だつ万世橋高架橋

このあたりの煉瓦高架橋の中で、美しさが際だっているのが万世橋駅跡付近の万世橋高架橋であろう。ターミナル駅の所在を誇示するかのように、隅の部分には、メダリオンと呼ばれる楯型の装飾が施されている。神田川に映るその姿は、都心部で見られる煉瓦構造物の中でも一、二を争う見事さであり、煉瓦や鉄道の歴史に特に興味のない人でもカメラを向けたくなるのではないだろうか。

万世橋高架橋端部のメダリオン

万世橋から先、神田を経て東京駅に至る区間が開業したのは、六年後の一九一九（大正八）年三月一日で、コンクリートへの信頼性が高まりつつあった時代である。したがって、この区間はコンクリートの連続アーチ橋が主体となっており、神田駅部分などはアーチではなく、ラーメン構造（橋脚と桁が一体化している）という新技術も取り入れられている。アーチ部は、それ以前に建設された区間に合わせて、外壁が煉瓦で装飾されているので、一見したところでは煉瓦アーチ橋のように見えるが、裏側に回ってみればそうでないことがわかる。

コンクリートアーチ橋に煉瓦の装飾をほどこした神田～万世橋間の高架橋

神田から秋葉原へ向かうコンクリート製の永平町橋高架橋

万世橋駅ホーム跡

外濠コンクリートアーチ橋親柱

丸の内鉄道橋記念塔

コンクリートの利用といえば、東京〜神田間の外濠（日本橋川）には、鉄道橋としては初めての本格的な鉄筋コンクリート造りのアーチ橋が架けられた。径間は一二五フィート、表面は花崗岩で飾られ、端部には高さ約一〇メートルの立派な橋塔が設けられた。しかし、新幹線ホーム増設のための東京駅改良工事の一環として、従来の中央線ホームを重層化する際に、進入路の邪魔になることから撤去されてしまった。幸いにして、改良工事竣工後の一九九八年一二月、東京駅丸の内北口の中央線高架下に「丸の内鉄道橋記念塔」として一本が復元され、いまもその姿を見ることができる。

万世橋〜東京間の開業により、中央線から山手線への直通運転が可能になり、中野→東京→品川→新宿→池袋→上野という、いわゆる「の」の字運転が始まった。起点ではなくなった万世橋駅は次第ににぎわいを失い、隣接する神田や御茶ノ水との距離が近すぎることもあって、一九四三（昭和一八）年一一月一日に廃止された。二〇〇六年まで交通博物館として利用されていた場所が、万世橋駅跡である。

旧交通博物館と万世橋駅跡

交通博物館の前身は、鉄道創業五〇周年を記念して、東京駅構内（北口ガード下）に設置された鉄道博物館。一九三六（昭和一一）年に万世橋に移転し、戦後になって交通博物館と改称した。豪壮華麗な万世橋駅舎が関東大震災で失われたため、その跡地の有効利用を図ったわけである。一九三六年に竣工した鉄筋コンクリート三階建の博物館の本館は、インターナショナル・スタイルで、旧駅舎の基礎を利用することで建設費の軽減がなされたという。インターナショナル・スタイルとは、一九二〇年代のヨーロッパで流行した機能主義的な建築様式のこと。壁面が無彩色・無装飾であることや内部空間の自由な間仕切りが特色とされる。

　その後、この様式は典型的なモダニズム建築としての地位を獲得し、日本でもこの時代の建築物にさかんに取り入れられた。ガラス張りの階段部分が印象的な建物である。交通博物館閉館後も建物はまだそのまま残されているので、外から眺

旧交通博物館の建物

万世橋駅のホームに通じていた階段

めることは可能である。この建物の裏の高架上には旧万世橋駅のホームが残っている。そこに通じる通路や階段などの駅施設も現存していて、交通博物館閉館前のイベントの一環として公開されたことがある。旧交通博物館の建物も含めて、この万世橋駅跡が今後どうなっていくのかわからないが、鉄道遺産として保存し、何らかの形で活用する道はないものだろうか。

曲線を描くプレートガーダーほか

旧交通博物館建物前の中央通りを跨いでいる万世橋架道橋に注目してみよう。単純なプレートガーダーのようだが、よく見ると直線ではなく、途中でカーブしている。一九二八年一一月に開通した、わが国初の曲線桁を有する橋なのだ。関東大震災後の復興工事で道路の拡幅が行われ、その際にこの橋梁も架け替えられたのであるが、線路のカーブに合わせて、桁の方も各部材を少しずつ角度を変えて接合し、カーブさせている。騒音防止のため、砕石を用いた道床式の中

曲線を描く万世橋架道橋

路プレートガーダーとしており、市街地である周囲の環境への配慮がなされていたという点でも興味深い。

万世橋架道橋を北へくぐりぬけてすぐ左手、万世橋高架橋端部の煉瓦壁の前に、都電の架線柱が一本だけ残っている。多段式ロケットのような独特の形状をした架線柱は、都電廃止後も、しばらくの間は、あちらこちらの街角に残っていたというが、現在ではきわめて貴重な存在となっている。（都電の遺産については、下巻参照）架線柱だけでなく、そこに取り付けられている看板もまた相当な古さで、懐かしさをおぼえる。第4章で取り上げる、地下鉄銀座線の万世橋駅跡もすぐ近くにあり、駅への出入口が転用された通風口が今も残っているので、ぜひ見ておきたい。

本格的コンクリートの時代へ

山手線は、「の」の字運転の開始から七年後の一九二五（大正一四）年一一月一日、神田〜上野間が開業して、現在と同じ環状運転となった。この区間の高架線は、コンクリート柱が立ち並んでいるだけで、万世橋〜東京間のような煉瓦の装飾は見られない。煉瓦時代が終わって、完全にコンクリートが主役となったことがうかがえる。味気ないといえばそれまでだが、ラーメン構造の全面的採用など技術の進歩がみられ、また、基礎には、東京〜万世橋間の工事から使用されるようになったコンクリート杭が本格的に用いられたという。コンクリートには、砂利や砂が大量に必要である。そのため、東京砂利鉄道会社から砂利採掘権と国分寺〜下河原間の鉄道線を買収し、多摩川沿岸の下河原に直営の砂利採取場を確保している。

御茶ノ水から神田、秋葉原あたりの高架線を眺めて歩くと、それぞれの建設時期の特色がよく表れていて、まるで土木技術の歴史博物館のようだ。

交通博物館閉館イベントの際に公開された万世橋駅ホーム

今は通風口になっている地下鉄万世橋駅（入口）跡

都心部の鉄道網を完成させた高架線

センスの良さを感じる両国〜御茶ノ水間

見事な景観づくり

さて、幹線のターミナルで最後まで都心部と連絡していなかったのが、総武本線の両国（一九三一年両国橋から改称）であった。両国と御茶ノ水を結ぶ区間は、関東大震災後の復興計画に基づく区画整理によって用地が確保され、ようやく実現に向けて動き出した。開業は、一九三二（昭和七）年七月一日と、都心部を貫く高架線の中ではもっとも遅くなったが、隅田川や神田川を渡るだけでなく、高架ですでに開業していた秋葉原駅のさらにその上を跨がなければならず、技術的に難しい工事であったようだ。しかし、それだけに、当時の最新技術が積極的に取り入れられ、今日においてもその成果を見ることができる。

まず、隅田川橋梁であるが、わが国最初のランガー桁形式を採用した鉄橋として歴史に残る存在である。ランガー桁というのはプレートガーダーとアーチを組み合わせ、その両方で荷重を支えるもの。スレンダーな見た目も美しい橋である。両国駅駅舎横にその説明板が立っている。

次に注目したいのが、秋葉原駅から浅草橋方向に向かう第一佐久間町高架橋。秋葉原駅を三層レベルで越えるためにつくられた、コンクリートの巨大な連続アーチ橋である。現在は、線路際までビルが建ち並び、真横から眺めることができないばかりでなく、高架下は、飲食店や倉庫などで埋め尽くされているため、建設当初の造形美を味わうことができないのが残念だが、本来は、景観に配慮してつくられたダイナミックで美しい構造物である。秋葉原から先の御茶ノ水側にもコンクリートアーチ橋が続いているように見える

わが国最初のランガー桁鉄道橋である総武線隅田川橋梁

アーチ型デザインの秋葉原駅西側の高架橋

タイドアーチの松住町架道橋

が、実はそれはアーチ型にデザインされたものので、本体は桁構造。手前のコンクリートアーチ橋およびその先の松住町架道橋と、景観的一体感をもたせるためにそうしたのだろう。昌平橋通りに架かる松住町架道橋もきわめてインパクトのある橋梁で、鉄道橋としては、最初のタイドアーチ橋（道床式）という。タイドアーチとは、弓を弦で結んだような構造である。

総武線電車は、松住町架道橋、神田川橋梁を過ぎると、滑り台を降りるように一気に御茶ノ水駅へ下っていく。神田川や万世橋駅跡を見下ろす車窓風景は、都心部屈指の大パノラマといえよう。

機能主義の御茶ノ水駅と重厚な両国駅

当時の最新の土木技術を駆使して建設され

風格のある両国駅舎は1929年の建築

た両国〜御茶ノ水間が、一九三二(昭和七)年に開通したことで、国鉄のターミナル相互間は都心部ですべて鉄道連絡が可能になり、東京の都市機能は各段に向上したのである。それだけでなく、今日でも十分通用する、美しく重厚な都市景観がつくりだされたことも、大いに評価されるべきではないだろうか。

　両国〜御茶ノ水間の開業に合わせて、一九三二年に現在の御茶ノ水駅も竣工している。神田川脇の狭い空間という制約の中で、中央線と総武線が同一ホームで乗り換え可能となるような線路配置を行うなど、機能性を重視して建設され、乗降客が増えた現在でも特に問題は起こっていないようだ。先見の明といえよう。駅本屋《ほんや》は箱形で目立った装飾はなく、四角い窓が並ぶだけという、いたってシンプルな外観だが、これこそ典型的なイン

「インターナショナルスタイル」の御茶ノ水駅舎

ターナショナル・スタイルとして貴重な存在という。設計者は鉄道省工務局建築課の伊藤滋である。伊藤は、機能主義を取り入れた新建築運動の旗手といわれたそうで、前述の交通博物館本館の設計にもかかわっている。ちなみに、そうした流れとは少し異なる印象だが、多摩の民家風駅舎で知られる中央線日野駅舎も同氏の設計である。

一方、現在の両国駅舎は、御茶ノ水への高架線開業に先立つ一九二九年に竣工している。長距離列車の発着する終着駅としての性格だけでなく、高架線開通後は電車の直通運転にも対応した駅という面をもつことになった。現在ではターミナル機能が失われて広い空間は必要でなくなり、大部分が飲食店に転用されている。

両国駅で出発を待つ勝浦行221列車（1968年6月18日）

あ、上野駅

両国駅と似た構造でそれを大きくしたようなのが、上野駅である。現在の駅本屋は、一九三二（昭和七）年に竣工している。上野駅といえば、東京の北の玄関。東北・北海道や上信越方面の出身者にとっては、東京でもっとも愛着のある駅であろう。上野駅らしさが一番感じられるのは、櫛形の地平（地上）ホームだ。その前にずらりと並んだ中央改札口も壮観である。新幹線開業で長距離列車の発着が少なくなり、昔はなかった跨線橋が覆い被さって全体に薄暗く、活気がないように見えるのが残念ではある。三角屋根で覆われたコンコースとその下の大壁画（猪熊弦一郎画伯の一九五一年の作品で、テーマは「自由」）は昔のままで、改札口

地平ホームが見渡せた頃の上野駅（1965年9月23日）

の真上に横一列に吊り下げられていた列車案内板を確認し、人波をかきわけながらホームへ急いだ頃が思い出される。

一六番線のたもとには、石川啄木がふるさとを偲んで歌った「ふるさとの訛なつかし停車場の…」歌碑があり、その手前の広場には、誕生年が上野駅と同じという朝倉文夫作の彫像「三相・智情意」（昭和三四年建立）が立つ。広小路口から外に出た所には、集団就職の歴史を忘れないようにと、有志の手で二〇〇三年七月に建てられた「あ、上野駅の碑」がある。上野は東京の北の玄関口というだけでなく、当該地域の出身者にとっては、自分史の重要な舞台として特別な存在なのであり、そのことを実感させてくれるものには事欠かない駅である。

上野駅のホームに思い出をもつ人は多いが、意外に存在感が希薄なのが駅本屋ではないだろ

かつての上野駅地平ホーム（1963年7月7日）

うか。上野駅は利用しても、正面玄関から入ったことがないという人が多い。しかし、駅舎の正面に回ってよく眺めてみれば、堂々としたコンクリート造りの格調高い建物であることがわかる。大きな車寄せがあり、時計をはめ込んだ正面の平らな壁面に八列に配された縦型の大窓が印象的だ。内部には大きな吹き抜けのあるホールが設けられている。玄関の照明器具も凝っており、中に入ると、アーチ状の柱や回廊、天井の飾りなどまるで宮殿のようで、こんなにも美しい駅だったのかと改めて感心してしまう。地下道へ降りていく階段のレトロな飾り格子も見逃せない。やはり上野駅はじっくりと見て回る価値のある駅である。

一時、日本一の超高層ビルに改築されるという話もあったが、その後の経済情勢の中で幸い（？）にも立ち消えとなった。結局、古い建

アーチ状の柱が美しい
上野駅コンコース

東京の北の玄関にふさわしい、堂々たる
コンクリート建物の上野駅

物を生かす形でリニューアルされ、二〇〇二年二月二二日、「アトレ上野」と称する商業施設がオープンした。駅本屋も、飲食店を中心とした商業ビルに変身した。これまで駅の業務用スペースであった所が一般に開放され、隅々まで眺めることができるようになったのは嬉しい変化である。貴賓室であった場所も、「ブラッスリーレカン」という名のフランス料理店となり、レトロな雰囲気に浸りながら、食事をすることができる。

レストランに転用された貴賓室入り口／上野駅

「あゝ上野駅」の碑

砂利と歩んだ鉄道

多摩川の砂利と「下河原《しもがわら》線」

急増した砂利需要

神田〜上野間の高架線建設に必要な砂利を確保する目的で、国鉄が砂利運搬鉄道を買収したことに触れたが、こうした高架線建設に限らず、砂利は近代都市づくりに欠かせない建築資材である。とくに、コンクリートの実用化により、従来の煉瓦構造物に代わってコンクリート造りの建造物が一般化したことで、砂利は都市の構造物建設に不可欠な資材となり、需要が急増した。砂利そのものはありふれたものであり、砂利が採取できる河川は全国に多数存在する。河原にある砂利は無価値であり、建築現場に運ばれてはじめて商品としての価値が生じる。砂利の販売価格の大半が輸送費で占められることから、東京への輸送距離が短くて済む多摩川は、安くて良質の砂利という条件に合致し、第一の供給地となったのである。重量物である砂利の輸送には鉄道が必要であり、多摩川の河原に向かって数多くの砂利輸送のための鉄道が敷かれた。

一九一〇年代から六〇年代までのおよそ半世紀にわたり、砂利採取業は多摩を代表する産業の一つであった。しかし、多摩川の砂利採取は一九六四年に禁止となり、砂利輸送に用いられた鉄道の多くは廃止されたが、中には別の用途に転用されたものもある。例えば、西武多摩川線（開業時は多摩鉄道、全通は一九二二年）は砂利鉄道が通勤通学用の電車に脱皮した好例であり、多摩川競艇場は、常《つね》久《ひさ》（現・競艇場前）と是政《これまさ》との間にあった広大な砂利採取場の跡地を利用したものなのだ。

砂利鉄道だった「下河原線」の歴史

砂利産業は輸送手段があってはじめて成り立つものである。前述の神田〜上野間の高架線建設と深いかかわりをもち、砂利の運搬はもちろん、沿線に立地した工場関連の輸送や競馬場への観客輸送に用い

御徒町駅付近のコンクリートの高架橋。この中には多摩川の砂利が詰まっているのではないだろうか

られたのが国鉄「下河原線」であった。廃線跡をたどれば、かつて一大産業であった多摩川の砂利採取業と砂利鉄道の姿を偲ぶことができるので、東京の鉄道遺産めぐりの一環として一度は訪ねてみたい所である。

「下河原線」というのは通称で、正式には中央本線（廃止時は武蔵野線）の支線。国分寺〜下河原間および、途中から分岐して東京競馬場前に至る路線であった。旅客営業を行ったのは国分寺〜東京競馬場前間だけで、下河原は貨物駅であった。当初は東京砂利鉄道という専用鉄道で、一九一〇（明治四三）年（月日は不詳）に開通している。現在の府中市域に通じた最初の鉄道であり、その目的は多摩川の砂利を採取し搬出することであった。開通から一〇年後の一九二〇（大正九）年に、鉄道省が砂利採掘権とともに買収し、国分寺〜下河原間七・一キロの国鉄線となった。

ちょうどその頃、鉄道省は東京駅と上野駅を結ぶ市街高架線新設工事に取り組んでおり、コンクリート製の高架線建設用に大量の砂利を必要としていた。この工事の完成によって、山手線は今日のような環状運転が可能になったのであり、下河原線は東京の鉄道輸送の改善に大きな貢献をした砂利運搬線ということができる。

鉄道省の自家用砂利運搬線となった下河原線は、一九二一年一二月に営業路線としてはいったん廃止（以後は国分寺の側線扱い）される。しかし、一九三三年に東京競馬場が現在地に開設されると、観客輸送に利用するため、途中から分岐して競馬場に至る路線が敷設されることになった。国分寺〜東京競馬場前間五・六キロは、電化した上で、一九三四（昭和九）年四月二日に開業した。ただし、電車の運転は競馬開催日に限られ、第二次大戦末期の一九四四年一〇月から戦後の一九四七年四月に至る間は運転休止となった。地元から要望の強かった定期運転が実現したのは、一九四九年一一月二一日からである。この間、沿線に日本製鋼所（一九三八年開設）や東京芝浦電気府中工場（一九四〇年開設）が立地したため、貨物の搬入・搬出や工場所有車両による従業員輸送に利用された。貨物営業が正式に復活したのは一九五二年七月一日である。

多摩川の砂利採取が禁止されて以降、砂利運搬線としての機能は失われたが、その後も、貨物輸送や通勤輸送、競馬場への観客輸送は盛んに行われた。下河原線の運命を決したのは、一九七三年四月一日の武蔵野線の開業である。並行区間となる国分寺〜東京競馬場前間が廃止（一部は武蔵野線に転用）され、残った北府中〜下河原間の貨物線も一九七六年九月二〇日に正式に廃止となった。

砂利鉄道の遺産を求めて

「下河原線」の廃線跡をたどる

廃線跡の大半は下河原緑道という名の遊歩道になっているので、容易にたどることができる。そこが廃線跡であると気づかせてくれる仕組みも整えられていて、楽しく歩くことができる。緑道の起点となる甲州街道の北側には、駅を模した休憩所が設けられている。ここに本来の駅があったわけではなく、ホーム横に敷かれているレールもゲージが正確ではなかったりするが、そこが鉄道の廃線跡であることをアピールしている点は評価できるだろう。

下河原緑道を南へたどると、「馬場片町北裏通り」という道路との交差部には、緑道にレールが埋められている。ゲージを測ってみると一〇六七ミリあり、下河原線そのもののレールではないかと思われる。要所にはしっかりした解説板も立てられていて、どのような鉄道の廃線跡なのかが一般の人にもわかるようになっている。

緑道の起点となる下河原線広場公園

鉄道の廃線跡は、その微妙なカーブの具合や他の道路との交差の仕方などから、そこをたどれば鉄路の匂いがしてくるものだが、「下河原線」の場合、それを一番感じさせてくれるのは、東京競馬場へ向かっていた線との分岐部であろう。レールが存在しないだけで、誰が見ても線路の分岐点であることがわかる形をしている。そこからほんの少し歩いた先が、東京競馬場前駅跡で、これも廃線跡にちなんでのことと思われるが、「電車ごっこ」をする子供の像が立っている。

一方、下河原へ向かう緑道は、ゆるやかに右にカーブし、最後は多摩川に並行して下河原貨物駅跡に至る。多摩川の土手沿いにコンクリート管やコンクリートプレハブ等を扱う工場が多く立地しているのは、砂利産業の名残といえよう。「下河原線」の廃線跡そのも

下河原線、東京競馬場前（左）方面への分岐部

のも砂利産業の遺産といってよいだろうが、府中市民の行楽の場となっている府中市郷土の森も砂利採取場の跡地であり、その前の公園の池は、砂利穴の転用であったりするので、廃線跡をたどるだけでなくその周囲も散策してみると面白い。

京王の砂利輸送路線と京王閣

砂利といえば、現在は多摩ニュータウンの大動脈となっている京王相模原線も、ルーツをたどると砂利鉄道に行き着く。一九一三（大正二）年四月一五日に笹塚～調布間を新規開業（その二年後の五月三〇日、新宿～調布間全通）した京王電気軌道は、府中方面への延伸に力を注いだが、その一方で、多摩川の砂利採取を主目的に、調布～多摩川原（現・京王多摩川）間の支線を建設し、一九

東京競馬場前駅跡

一六年六月一日に開業した。調布～飛《とび》田給《たきゅう》間の開業より三カ月も早く、それだけ砂利を経営上有望なものとみていたのであろう。多摩川の河原一帯が砂利採取場で、駅からは砂利運搬用の軌道（トロッコ）がのびていたという。砂利採取地の一部が、現在は京王テニスクラブ（かつて京王プールも存在）となっている。

　この支線が面白いのは、単なる砂利線に留まらなかったことである。風光明媚な場所という地の利を生かして、一大レジャー施設「京王閣」が建設されたからだ。一九二七（昭和二）年にオープンしたこの遊園地の目玉は、総大理石貼りの大浴場（ローマ風呂）であった。大食堂や遊戯場を備え、レビューも上演された。屋外には豆汽車やメリーゴーランドといった乗り物もあり、まさに「東京の宝塚」といった趣であったという。しかし、一九四四年、戦時統合によって京王電気軌道は東京急行電鉄に合併され、戦後、京王帝都電鉄として再出発する前年の一九四七年に、売却されてしまった。現在は競輪場（名前はそのまま京王閣）となっているが、場内（入場料が必要）には、前方後円形をした、かつてのボート池が残っており、遊園地時代の名残を感じることができる。

　京王多摩川駅前に、フローラルガーデン・アンジェという植物園がある。かつて京王百花苑（一九五六年の開園時は東京菖蒲園）の名称で行楽客に親しまれた施設であるが、園内の奥まった所に、京王の大功労者、井上篤太郎（専務取締役、後に社長）の顕彰碑（寿碑）がある。開業当初経営不振に陥っていた京王電気軌道を立て直し、同社発展の礎を築いた人物である。この京王多摩川一帯は、砂利採取地として利用されただけでなく、沿線に遊戯施設を設けることで乗客の増加を図るという、当時の電鉄経営の定石とされた経営戦略が展開された場所でもあったわけだ。功労者の顕彰碑が存在するのもうなずけるような気がするし、同碑が最初に建設された場所が、京王閣本館前であったと聞けばなおさらである。

京王閣名残の池（旧ボート池）

井上篤太郎翁顕彰碑

第3章

私鉄の発達と郊外への夢

巨大都市東京の発展を支えた私鉄

昭和のはじめ、「昔恋しい銀座の柳…」で始まる『東京行進曲』（西條八十作詞・中山晋平作曲）が大ヒット。歌詞の中には、当時の東京のモダンな風物、とりわけ登場したばかりの乗り物が、たくみに取り入れられていた。「あなた地下鉄私はバスよ、恋のストップままならぬ」「シネマ見ましょかお茶飲みましょか、いっそ小田急で逃げましょか」といったフレーズをご存知の方は多いと思う。地下鉄は一九二七（昭和二）年に開業したばかりの東京地下鉄道（現・東京地下鉄銀座線）のことであり、「郊外電車」の小田急もまた同じ年に開業したばかり。旧市内における路面交通の飽和化に対応した地下鉄と、郊外の住宅地化を促進した郊外電車。どちらも、東京という大都市の成長と軌を一にした交通手段であり、新たな時代の都市交通の担い手となるものであった。

東京で「私鉄」といえば、郊外の住宅地と都内のターミナルを結ぶ通勤通学電車のことであり、デパートや遊園地、ホテル、旅行代理店など様々な事業を展開する生活総合産業というイメージが定着している。沿線にはそれぞれ独特の文化が花開き、ちょっとした文化圏（カラー？）を形成しているようにみえる。こうしたスタイルの私鉄は、実は世界的には珍しい存在であり、複数の大私鉄によって、都市交通の主要な部分が担われている大都市もまた珍しい存在なのである。

今日の私鉄の路線網の基本形ができあがるのは、一九二〇年代から三〇年代（大正末期から昭和初期）にかけてである。私鉄そのものはそれ以前からあり、中央線や山手線も開業時は私鉄であった。しかしそれらは幹線鉄道もしくはその一部であり、一九〇六（明治三九）〜〇七年に実施された鉄道国有化によって国鉄線となった。東京へ通じる鉄道で国有化をまぬがれたのは、東武鉄道のみである。その東武鉄道や、その後、蒸気鉄道として開業した東上鉄道（現・東武東上線、一九一四年開業）、武蔵野鉄道（現・西武池袋線、一九一五年開業）は、一九二〇年代に電化を実施して高速電車に脱皮していく。この時代は、全国的にも電鉄ブームで、その背景には、第一次大戦後の余剰電力の存在があった。一方、「鉄道」ではなく「軌道」（本来は道路上に敷設された線路の上を走るもの）として出発した京浜電気鉄道や京成電気軌道、京王電気軌道も路線の改良や総括制御方式の導入、電動機の出力アップなどにより、高速電車の仲間入りをすることとなった。

東京の都市交通の中で、なくてはならない役割を果たしている私鉄。そのあゆみを実感できるような遺産を探して、歩いてみることにしよう。

老舗私鉄、東武鉄道の遺産

東京最古のターミナルビル、浅草駅

旧市内へのアクセスに苦しむ

大手私鉄の中で現在の東京二三区内に初めて路線を有したのは、東武鉄道である。国有化されることもなく、同じ社名で今日まで存続しているのであるから、実質的には東京最古の私鉄といってよいだろう。開業したのは、一八九九(明治三二)年八月二七日。北千住~久喜間が最初の開業区間であった。東武鉄道の設立目的は、当時の日本の主要な産業であり、輸出の柱でもあった繊維産業の盛んな両毛地方(栃木県南西部から群馬県南東部にかけての一帯)と東京を結び付けることであり、東京や横浜の財界人が計画し、受益者となる両毛地方の人々の絶大な支持を得てスタートした。しかし、東京側のターミナル問題では、苦労を重ねることになる。

当初は北千住以南の免許が取得できず、ようやく、三年後の一九〇二(明治三五)年四月に北千住～吾妻橋《あづまばし》（現・業平橋）間が開通したものの、旧市内を代表する繁華街の一つであった浅草には少し距離があり、中途半端な感じは否めなかった。そこで、二年後の一九〇四年四月に曳舟《ひきふね》～亀戸《かめいど》間を開通させ、亀戸から総武鉄道に乗り入れ、両国橋（現・両国）を実質的なターミナルとした。ようやく、旧市内の一角に取り付いたわけだが、総武鉄道が国有化されると、一九〇八年三月、一旦は廃止していた曳舟～吾妻橋間の貨物営業を復活し、一九一〇年三月には、吾妻橋を浅草と改称して旅客営業も再開し、新たなターミナルとした。

東武の拠点、業平橋

一九三一（昭和六）年に隅田川を渡り浅草花川戸の現・浅草駅に乗り入れるまで、現在の業平橋が東京における東武鉄道のターミナルで

業平橋の東武橋と東武本社

あった。駅施設はもとより機関庫や工場、さらには艀《はしけ》用のドックも整備された。北十間川《きたじゅっけん》を通じて隅田川の舟運とも結ばれ、東武鉄道の一大拠点を形成したのである。現在も本社はそこにあり、最近まで使用されていたクラシックな社屋（東武館）は、一九三八年に竣工したもの。本社前の北十間川に架かる橋はその名も「東武橋」だ。現在、貨物施設等のあった広大な敷地に、新東京タワー「スカイツリー」が建設中である。

大正末期になると、沿線の浅草〜北千住あたりに工場が進出するようになり、通勤者が増加していった。第一次大戦後の安価な余剰電力の存在という有利な条件もあって、電化が実施された。一九二四年一〇月一日、浅草〜西新井間の電化が完成したのを皮切りに、順次電化区間は延伸し、蒸気機関車が客車を牽引するという汽車型の鉄道から、高速でフリークエントサービス（頻繁運転）を行う高速電車タイプの鉄道へと脱皮していった。

隅田川を渡り花川戸へ

それにしても、ターミナルの浅草駅の位置はあまりにも悪かった。路面電車以外に旧市内との連絡手段はなく、中途半端な感じは否めない。そうした状況をなんとか打開しようと、国鉄上野駅やさらに都心部への乗り入れを企図したが、免許がおりたのは花川戸まで。そこで、隅田川を渡った花川戸の地に、地上七階地下一階という当時日本一の巨大なターミナルビルを建設。一九三一年年五月二五日、ビルの二階部分に設けた浅草雷門駅（現・浅草）へ乗り入れた

開業時の姿を留めていた頃の東武鉄道浅草駅ビル（1971年2月2日）

現在の東武鉄道浅草駅

のである。三階から上はデパートとなり、業界の老舗・松屋が進出。東京で初めてのターミナルデパートの誕生であった。ビルの中に電車が発着するというスタイルはきわめて斬新で、人々を驚かすに十分であったろう。駅正面大階段の両サイドに鉄道駅としては初めてエスカレーターを備えたが、これは現在も使用されている。

建物はアール・デコ風で、外壁はテラコッタ張り、二階の駅部分にアーチ状の大きな窓が一七も連続しているのが、外観上の大きな特色であった。設計者は京成上野ビルなども手がけた久野節。その後、無粋な改装が施されてしまい、正面からデザインの妙を味わうことはできないが、ホームのある二階部分側面のアーチ状の飾り窓は往時の姿を留めているし、ビルの裏手に回ってみると、往時の姿そのままの部分も

鉄道駅としては最初のエスカレーター／東武鉄道浅草駅

ある。

浅草への乗り入れに際して隅田川に架設された橋梁は、珍しい中路《ちゅうろ》トラス橋。トラス（部材を三角形に組んで強度をもたせた構造）の中程の高さを線路が通るという形になっている。川の中に橋脚が二つあり、三径間になるわけだが、両端のトラスが橋脚より先へ張り出し、中央の桁がそれに吊られるような形（カンチレバー・トラス）になっているので、一つの桁のように見える。橋梁と一体化した架線柱の曲線的デザインもすばらしく、鉄道橋としてはきわめて優美な橋梁の一つといえよう。

隅田川橋梁を渡った対岸に、かつては隅田公園という駅があった。隅田公園は震災復旧事業の一環としてつくられ、横浜の山下公園とともに「復興公園の両雄」といわれたそうである。その最寄り駅として浅草乗り入れと同時に開業

裏側（業平橋側）には開業時の姿を留めている部分も／東武鉄道浅草駅

東武鉄道隅田川橋梁

隅田公園駅跡

したのが、隅田公園駅であった。相対式ホームをもつ高架線の駅であったが、戦時中の一九四三年一二月三〇日に営業休止となり、一九五八年には正式に廃止となった。高架線の下に、駅へ上る階段の形が残っている。

開業時のレール

古い歴史を誇る東武鉄道であるが、開業時に用いられたとみられるレールが、駅ホームの上屋を支える柱や梁として再利用されているケースがかなりある。レールの横腹に「CARNEGIE 1897 TOBU」という刻印のあるものがそれで、「アメリカのカーネギー社製、一八九七年製造、発注者は東武鉄道」という意味。東向島《ひがしむこうじま》駅下りホームをはじめ、このレールが存在する駅はかなりの数にのぼるようなので、東武の各駅を利用する際には、電車の待ち

東武鉄道デハ1形デハ5号。電化開業時の車両／東武博物館

時間などに探してみると面白い。

東向島には、二〇〇九年七月にリニューアルオープンした東武博物館がある。東武鉄道開業時の蒸気機関車である五号機（ベイヤーピーコック製）や一九二四年の電化開業時に登場した最初の電車デハ５、東武鉄道最初の電気機関車ＥＤ１０１など、東武鉄道の歴史的車両が保存されており、必見といえよう。

もとは本線だった亀戸線

ところで、最初のターミナルであった亀戸と曳舟の間は、都会の中のローカル線として、三日月湖のように取り残されてしまった。二両編成の電車がわずかな距離を行き来しているだけという、ちょっと寂しい路線であるが、この亀戸線もなかなか興味深い線ではある。中間駅の、亀戸水神、東あずま、小村井の三駅のホーム下部は大谷石でできている。大谷石は宇都宮市近郊に産する緑色凝灰岩で、火災に強く加工が容易であることから、関東大震災後人気を博し、東武鉄道にとっては、一九六四（昭和三九）年に大谷線（西川田～立岩間の貨物線）が廃止されてトラック輸送に切り替わるまで、重要な輸送品であった。大谷石をホームに使用したのは、東武鉄道にとっては比較的安価で入手しやすい建築材料であったからだろう。

亀戸線が電化されたのは一九二八年四月一五日で、現在の中間駅はすべてこの時に開業して

櫻田式架線柱

東あずま駅の櫻田式架線柱と大谷石のホーム

参考メモ・東武鉄道略年表（都内区間を中心に）			
1897	明治30	11. 1	東武鉄道創立
1899	32	8.27	北千住～久喜間開業
1902	35	4. 1	北千住～吾妻橋（現・業平橋）間開業
1904	37	4. 5	曳舟～亀戸間開業、総武鉄道の両国橋まで直通運転開始、曳舟～吾妻橋間廃止
1908	41	3. 1	曳舟～吾妻橋間再開業（貨物）、吾妻橋を浅草と改称 ※旅客は1910.3/27
1914	大正 3	5. 1	東上鉄道(現・東上線)池袋～田面沢間開業
1920	9	7.22	東上鉄道と合併
1924	13	10. 1	浅草（現・業平橋）～西新井間電化
1929	昭和 4	10. 1	日光線全通 東上線池袋～川越市間電化
1931	6	5.25	業平橋～浅草雷門（現・浅草）間開業
		12.20	西新井～大師前間開業
1962	37	5.31	伊勢崎線と営団地下鉄日比谷線相互乗入れ
1987	62	8.25	東上本線と営団有楽町線相互乗入れ

いる。ただし、東あずまは平井街道として開業し、戦災で一旦廃止され、一九五六年に復活している。実は、現存する三駅以外にも中間駅がいくつか設けられていたのだが、戦災により消滅し、復活することはなかった。

東あずま駅に注目してみたい。それは櫻田式と称される独特な形状の架線柱の存在ゆえである。柱の両側（向かい合わせ）のコの字型鋼材を舌状にくりぬき、それをつなぎ合わせる形で筋交いとした極めて簡便な構造の架線柱である。砂町（現在の江東区東砂）に工場があった櫻田機械製造所（現在の社名はサクラダ）が特許を取得して製造したもので、同社では、「特許チャンネルポール」と称した。一九二七年に第一号を富士身延《ふじみのぶ》鉄道（現・JR身延線）に納入したのを皮切りに、全国の鉄道各社に納入し、同社の売上増に大きな貢献をしたという。

簡便ゆえに、私鉄の電化促進に一役買った架線柱であったが、材料がアメリカ製（カーネギー）であったため、太平洋戦争突入で入手不能となり、製造中止に追い込まれた由。東武鉄道は、大口の納入先であったようで、同架線柱は野田線の岩槻市付近などにも存在している。しかし、都内では珍しく、筆者の知る限りではこの線のみ。それも、現存しているのは、東あずま駅ホームの中央部分と改札口付近の二カ所（二対）だけである。東武らしい大谷石のホーム、電化時そのままのレトロな架線柱、そして都内では希少な存在となった構内踏切もある東あずま駅。亀戸線を訪れた際には、ぜひ見ておきたい駅といえよう。

郊外電車の遺産

郊外住宅地の開発と電鉄

郊外の成立

郊外とは何をいうのか。広辞苑をひもとくと、「都会地に隣接した地帯」「まちはずれ」というそっけない説明が出てくる。しかし、これだけでは、郊外という言葉のもつイメージが伝わってこないような気がする。確かに都会地に隣接した地域ではあるが、純粋の農村地帯ではなく、住宅地化がある程度進み、それなりの生活基盤が整っている所。しかし、都会のように住宅が密集せず、田畑や林地も残り、自然の匂いが感じられるような所。市街地と農村地域の中間地帯。都会へ通勤する、いわゆる新中間層が多く住んでいる所。「郊外」と聞いて、多くの人が思い浮かべるイメージは、そんなところではないだろうか。

東京の「郊外」は、どのようにして形成されたのか。「郊外」が成り立つのは、都市の新中間層（事務系サラリーマン、専門的技術的職業従事者など）が育ち、職住の分離が始まるようになってからであり、それも最初は、旧市街の周辺部にあたる山手線の内側の地域が主であった。例えば、麻布や青山は、今日では高級なイメージの都会地であるが、二〇世紀初頭までは立派な「郊外」であった。そこから市街地への交通手段としては、主として路面電車が利用された。一五区時代の東京市の西縁は、山手線に達していない。渋谷も新宿も池袋も郡部であり、そこからさらに遠方へとのびる鉄道の沿線は、とても郊外といえるものではなかった。

郊外住宅地の草分け、桜新町

山手線の外側の地域で、最初に本格的な住宅地として開発され、売り出されたのは、荏原郡駒沢村から玉川村にかけての一帯である。現在の世田谷区桜新町一丁目から深沢七・八丁目に該当し、一九一三（大正二）年のことであった。販売元は東京信託株式会社で、「玉川」の清流、富士の眺望といった環境の良さをセールスポイントにしていた。なぜこの土地に目をつけたかといえば、玉川電気鉄道が、一九〇七（明治四〇）年に渋谷～玉川間を開業していたからである。玉川電気鉄道は大山街道上を走る路面電車（軌道）で、当初の目的は多摩川の砂利を東京市内へ運搬することであった。人より砂利を重視したことから、「じゃり電」などと揶揄された時期もあった。それでも、沿道地域の利便性は格段に向上していたので、分譲住宅地の造成販売を目論んだのである。

当時としては、相当田舎のイメージで、売れ行きは芳しいものではなく、完売には長期間を要したようだ。分譲地は「新町」（今風にいえばニュータウン）と名付けられ、その後、世田谷区に編入される際に、宅地造成時に植樹されていた桜並木に因んで桜新町となった。現在の田園都市線（その前は新玉川線）の駅名にも「桜新町」は引き継がれている。

関東大震災が郊外の住宅地化を促進

一九一〇年代後半になると、豊多摩郡や荏原郡などに移り住む人が増えていく。そうした、区部に隣接した郡部への人口流出、新たな郊外の形成に拍車をかけたのが、関東大震災（一九二三年）であった。郊外の住人の職場や学校は旧市内にあったので、通勤通学の足の便が必要となる。電鉄ブームの中で新たに敷設された電気鉄道や、電化された既存の鉄道は、電車による頻繁運転（フリークウェントサービス）を行って、通勤通学輸送に対応した。従来の道路上を低速で走る路面電車とは異なり、専用軌道を有して高速運転を行う、いわゆる「郊外電車」の誕生である。ただし、郊外電車の開業や既設鉄道の電化自体は、郊外への人口集積の結果ではなく、郊外の住宅地化に先行するものであったことに留意しておく必要がある。

東急の生みの親は田園都市会社

田園都市構想

一九一〇年代末期から一九二〇年代にかけて行われた、大規模な郊外住宅地づくりの中で、最もよく知られているのは、田園調布である。郊外住宅地のモデルとして、その後の住宅地開発に大きな影響を与え、現在は高級住宅地の代名詞となっていることは周知のとおりだ。

田園調布の田園とは、イギリスの都市計画家ハワードが提唱した「田園都市構想」に由来する。過密化し環境悪化がはなはだしいロンドンの現状を憂いたハワードは、都心部から数十キロ離れた場所に、職住近接で環境の良い独立した小都市（＝ニュータウン）の建設を呼びかけた。この構想に基づき、一九〇三年にレッチ

駅前に立つ「田園調布の由来」碑

ワースが建設されたのだが、こうした動きに敏感に反応したのが、日本資本主義の育ての親ともいうべき渋沢栄一であった。

従来から東京の近代的都市づくりに関心を寄せてきた渋沢は、一九一八年、田園都市会社を設立して、荏原郡調布村、玉川村、碑衾《ひぶすま》村など多摩川畔一帯の地域を対象に、「田園都市」の建設に乗り出す。最初の分譲開始は一九二二（大正一一）年六月であった。分譲地を大別すると、洗足地区、大岡山地区、多摩川台地区となるが、その中で、田園都市の理想を追求するような町づくりが実施されたのが、多摩川台地区（後の田園調布）であった。公園、道路用地など公共的な用地を広くとり、同心円と放射線で構成される街路を設けたこと、住宅地と商店街を駅の東西に完全に分離したこと、良好な環境を維持するために建築制限を設けたことなど、当時としては画期的な町づくりであった。

目黒蒲田電鉄の成立

この地域にはそれまで鉄道の便はなく、田園都市会社は「完全な交通機関を設けて、省線、東京市電と連絡させ、都心からの交通の便を図る」ことを約束していた。田園都市会社と同一の設立発起人メンバーによる荏原電気鉄道が、一九一九（大正八）年、大井町から旭野（現在の田園調布付近）に至る八・四八キロの地方鉄道敷設免許を取得。その翌年、田園都市会社が同社より免許を譲受し、さらに一九二一年には、同線の碑衾（洗足）から分岐して、目黒駅に至る延長四・〇八キロの免許を得た。その後、山手線への直結を優先し、目黒〜調布村間七・五六キロを第一期線として、一九二二年三月、建設工事に着手した。

田園都市会社は、自ら開発した郊外住宅地の足の便を確保するため、郊外電鉄事業に取り組んだわけだが、社内に鉄道に精通した人物がいないことが悩みであった。そこで、電鉄経営と沿線開発で大きな成果を上げていた箕面《みのお》有馬電気軌道（後の阪急）の小林一三に依頼したところ、関西在住の自分の代わりにと推挙したのが、後に大東急を築き上げる五島慶太であった。当時の五島は鉄道院監督局総務課長を辞し、武蔵電気鉄道（後の東京横浜電鉄、現・東急東横線）の常務の任にあったが、同電鉄は、第一次大戦後の不況に遭遇して資金難に陥り、建設に着手できないでいた。五島は、田園都市会社の鉄道部門を引き受け成功させることで、武蔵電気鉄道の建設も軌道にのせたいと考えたようだ。一九二二年九月二日、田園都市会社から鉄道部門を分離させて目黒蒲田電鉄を創立し、専務に就任する。同社は、田園都市会社の免許路線を譲受すると同時に、武蔵電気鉄道がもっていた蒲田支線（調布村〜蒲田）の免許も有償で譲受し、社名のとおり、目黒〜蒲田間を結ぶ路線を建設することとなった。

一九二三（大正一二）年三月一一日、目黒〜丸子（現・沼部）間が開業、一一月一日に残る丸子〜蒲田間が開業して全通した。この年の九月一日、関東大震災が発生。家屋が密集していた東京の旧市内の被害は甚大であったが、田園都市会社の分譲住宅など郊外住宅の被害は軽微で、これが、郊外への移住を促進させる大きな要因となった。田園都市会社や目黒蒲田電鉄にとっては、まさに天佑であったといってもよいだろう。業績は向上し、乗客が増加の一途をたどった目黒蒲田電鉄は、優良な電鉄企業にのしあがる。ここに、その後の東急への大発展の基礎が築かれたのである。予定した分譲を終えた田園都市会社は、一九二八（昭和三）年五月、かつて子会社として分離した目黒蒲田電鉄に吸収合併され、その使命を終えるのである。東急は、一九二二年九月二日の目黒蒲田電鉄の設立日をもって会社の創業日としている。今日では電鉄系デベロッパーの雄とみられることの多い東急ではあるが、そのルーツはデベロッパーである田園都市会社の電鉄部門であったのだ。

町のシンボルになった田園調布駅舎

ドイツ風腰折れ屋根

目黒蒲田電鉄は、高速で頻繁運転を行う郊外電車として誕生した。東京でそのような郊外電車として開業した路線としては、一九二二（大正一一）年一〇月六日に池上〜蒲田間を開業した池上電気鉄道が最も古い。しかし、池上電気鉄道はその後の建設に手間取り、山手線の五反田への接続が成ったのは一九二八年のことである。本格的郊外電車としては、目黒蒲田電鉄こそ第一号の栄誉に輝くものであるとみることができよう。草創期の郊外電車を偲ぶことができる遺産としては、何があるだろうか。

前述の多摩川台地区に調布駅（一九二六年一月に田園調布と改称）が設けられたが、理想的町づくりの中心、同心円の真ん中、放射線の頂点に位置することになる駅舎には、格段の配慮が払われた。東京美術学校で建築を学び、内務省の技官として明治神宮外苑の絵画館や上高地帝国ホテルなどを手がけた矢部金太郎に設計を依頼。矢部は住宅地にマッチするように、赤い腰折れ屋根（マンサード・ルーフ）をのせたドイツの古民家風駅舎を設計する。こうして、大きさといいデザインといい、田園調布という町を象徴するような駅舎ができあがった。田園調布に降り立った人は、まずこの駅舎から強烈な印象を受ける。町中の放射通りから振り返ると、並木越しに見えるこの駅舎が、凱旋門のような輝きを放つ存在として目に飛び込んでくるのである。この駅舎は、単なる乗降施設としてではなく、ランドマークとして絶大な効果を発揮したのである。

復元されて、再びランドマークに

一九九〇年九月四日、東横線の複々線化と目蒲線の改良工事に伴う田園調布駅の大改造（地下化）により、この開業以来の駅舎は惜しくも撤去されてしまった。しかし、地元の強い要望で、駅の改良工事が終わった後に外観のみ復元することになった。解体する際には、詳細な計測を行ない、また部材の一部をサンプルとして保存して、復元作業に備えたのである。それから一〇年、復元された駅舎が姿を現した。木造ではなく、鉄筋コンクリート造りになったとはいえ、外観や色合いはほぼ原型どおりに再現され、二〇〇〇年一月一五日、地元主催で竣工セレモニーが行われた。復元後の建物は駅舎としての機能は有していないが、老舗郊外住宅地・田園調布のシンボルとして、また、その歴史を語ってくれるモニュメントとして、有意義なものであることは間違いない。

田園都市会社が手がけた「田園調布」は、東京における郊外住宅地のショールームのような役割を果たし、東京における郊外の形成と発展に大きく貢献したことは間違いない。ただし、それは、ハワードの「田園都市」本来の理想である、幅広い都市機能を備えた職住近接の自立した小都市では全くなく、せいぜい、良好な環境の下で文化的な生活が営める優良住宅地程度のものであった。しかし、だからこそ、日本型郊外住宅地のモデルに、そして、その範疇での最高級ブランドになりえたという見方もできるだろう。

元祖郊外電車を味わう

目黒線と多摩川線に分割された目蒲線

郊外電車の祖である目蒲線は、二〇〇〇年九月二六日、大変貌を遂げた。都営地下鉄三田線および営団地下鉄（現・東京地下鉄）南北線との相互乗り入れが開始されたからである。この乗り入れにより、路線の大編成替えが行われた。多摩川（多摩川園から改称）を境に目蒲線は分割され、相互乗り入れが行われる目黒〜多摩川〜武蔵小杉間は目黒線に、多摩川〜蒲田間は東急多摩川線となった。目黒〜多摩川間は大改良が行われ、もはや昔日の郊外電車の面影はない。しかし、東急多摩川線となった多摩川〜蒲田間には、まだ戦前の郊外電車の匂いが感じられる。

　車両は新しいものに変わったとはいえ三両という短い編成であり、各駅とも小ぶりで、相対式の上下線ホームの間に地下道や跨線橋はない。かつては構内踏切があったというが、現在は、それぞれのホームの入口に独立した改札口があり、電車に乗る人は、自分が行こうとする方向へ向かう電車の来るホームの改札口から入場する必要がある。都区内の他線区とは異なり、こういった形式の駅が、この東急多摩川線では主流の地位にあるの

上下線ホームが独立している矢口渡駅。多摩川線はこのスタイルが主流

だ。ホームの上屋は木杜・木造の所が多く、つくりつけの木製のベンチもある。目黒蒲田電鉄の最初の開業区間の終点だった沼部駅（開業時は丸子）の下りホームや武蔵新田駅（開業時は新田）、開業時以来のものとはいえないまでも矢口渡《やぐちのわたし》駅の上下線ホーム上にそうした木造の上屋を見ることができる。矢口渡（開業時は矢口）は駅舎（上り線側）も木造で、戦災焼失後に建て替えられたものということだが、全体的にレトロな雰囲気が漂っている。なお、矢口渡〜蒲田間はルート変更しており、開業時のルートは現在線より南側を通っていた。

いっそうレトロな池上線

戦前ののどかな郊外電車の名残を味わいつつ、蒲田に到着したら、同じ蒲田駅から出る池上線にも乗ってみたい。大半の駅が多摩川線と同じように上下線ホームが独立した形式で、ホームの上屋も木製が多く、いっそうレトロな感じだ。

池上駅には、都内では希少な存在となった構内踏切がある。ホーム下部に目をやると、煤けて目立たないが、煉瓦積みであることがわかる。郊外電車の駅でホームが煉瓦積みというのは珍しいのではないだろうか。蒲田〜池上間は一九二二（大正一一）年に、池上電気鉄道として最初に開業した区間である。池上駅もその時開業しているが、時代はすでに煉瓦からコンクリートへという流れになっており、ホームへの煉瓦の採用は、都内ではこれが最後かもしれない。

構内踏切のある池上駅

池上駅ホームは煉瓦積み

池上電気鉄道が、一九一四年四月八日に取得した免許は、目黒駅から大森駅に至るもので、目黒不動尊、洗足池、池上本門寺、御嶽神社などの参詣客、行楽客の利便性向上と地域の発展に資することを目的としていた。郊外住宅地の形成という明確な目的を有していた目黒蒲田電鉄とは異なる、古いタイプの電鉄計画であったといえよう。免許を得て会社は設立したものの、資金難や地価高騰の影響で工事着手は大幅に遅れた。結局、大森駅周辺の地価高騰による用地取得難から、終点を蒲田駅に変更することになり、池上〜蒲田間の支線敷設免許を新たに取得して、ようやく第一期線として蒲田〜池上間の工事に着手することができたのである。同区間は一九二二年一〇月六日に開業した。引き続き、池上〜雪ヶ谷（現在の雪ヶ谷大塚駅の少し五反田寄り）の間の工事を進め、翌一九二三年五月四日に開業した。しかしその先は資金難、用地取得難から工事は頓挫してしまう。この年関東大震災が発生。すでに開業していた目黒蒲田電鉄は、郊外へ移り住む人々の増加により高収益をあげたのに対して、東京の市部に接続できていない池上電気鉄道は、不振をかこつこととなった。

目黒への路線建設が困難視される中で、なんとか山手線の駅へ接続させ、かつ目黒蒲田電鉄と完全な並行線となる不利を避けるため、起点を五反田に変更する路線変更を申請。それが認められて、延長工事は再開された。こうして、一九二七（昭和二）年八月二八日に桐ヶ谷（戸越銀座〜大崎広小路《おおさきひろこうじ》間にあった駅で現存せず）まで、同年一〇月九日には大崎広小路まで開業した。しかし、大崎広小路〜五反田間の工事は人家密集地のため難航し、ようやく翌年六月一七日に高架線で開業。最初の開業から六年目にして池上線は全通したのである。

開業時そのままの五反田付近

この最後の開業区間である大崎広小路～五反田間は、開業時の雰囲気をとりわけよく留めていて興味深い。まず大崎広小路の駅であるが、上下線のガードに挟まれた高架下のエントランスといい、ホームの木製の上屋といい、レトロなムードたっぷりである。駅前の山手通りを跨ぐプレートガーダーと、それを支えるAの字型に組まれた細めの橋脚、劣化したため鋼材で無骨な補強がなされているコンクリート製の橋脚も目をひく。五反田へ続く高架橋もかなり古びた印象であったが、現在補強工事が行われていて、見た目は新しくなりつつある。

ビルの四階の高さに相当する五反田駅とホー

大崎広小路駅付近のコンクリート橋脚。劣化したため、鋼材で補強している

ムをその上にのせ、高架の山手線を跨いでいる大きな鋼製ラーメン橋（橋桁と橋脚を一体化させた構造）も開業時のままで、銘板には「合資会社東京鉄骨橋梁製作所、昭和参年参月製作」とある。わずか三〇〇メートルの距離とはいえ、高架線の建設は、資金集めに苦労していた電鉄企業にとっては大きな負担であったろうし、今は古めかしい印象を受ける橋梁も、当時としては先進的な技術を要求される大工事であったことは間違いない。山手線のホームから鋼鉄の舞台のような五反田駅を見上げると、池上電気鉄道の執念のようなものを感じるといっては大げさだろうか。

廃止された支線

ところで、池上電気鉄道には、雪ヶ谷から新奥沢に至る小さな支線もあった。雪ヶ谷〜国分

開業時と変わらぬ形状の池上線五反田駅

寺間の免許を取得し、その一部を開業（一九二八年一〇月五日）したものだが、その先の土地がライバルの目黒蒲田電鉄に押さえられてしまったため延長を断念。その後、池上電気鉄道自体が目黒蒲田電鉄の傘下に入り、一九三四年一〇月一日には正式に吸収合併されるという流れの中で、同支線は不採算路線として一九三五年一一月一日に廃止となった。薄命の路線であったが、終点付近には「新奥沢駅跡」の碑が建てられており、池上電気鉄道時代のかなわぬ夢の一端を伝えてくれる。

新奥沢駅跡の碑

八王子をめぐる電車の興亡

八王子にも路面電車があった

高尾山へのアクセス改善から

新中間層が厚みを増すに従って、休日には家族で行楽地に出かけて楽しむという生活スタイルが定着してくる。都市近郊では行楽地の整備や新たな行楽地づくりに力が注がれることになった。古刹、霊場として古くから知られていた高尾山でも、足の便を改善し行楽客を呼び込もうという動きが出てくる。その一つは鋼索鉄道（ケーブルカー）の設置であり、一九二七年に実現した。山麓では、浅川（現・高尾）からの来客輸送に役立つ軌道の敷設計画が浮上した。一九二二（大正一一）年一月三一日付けで「浅川村川原宿～同村椚田間一哩《マイル》一六鎖《チェーン》」の特許を得て、翌一九二三年、高尾山電気軌道株式会社が設立された。当初は地元主導のささやかな計画であったが、次第に構想はふくらみ、八王子駅前へ至る市内線の特許を取得（一九二五年九月二五日付）し、さらには所沢を経て大宮へ、また途中の砂川から目白へ至る路線を申請するなど遠大なものに変わっていった。社名も一九二六年には八王子電気鉄道へと変更し、翌一九二七年に八王子〜所沢〜大宮間の地方鉄道免許（一二月二〇日付）を取得している。こうした計画に目をつけて乗り出してきたのが、製糖王として知られていた藤山雷太であった。当時糖価が低迷していたことから、事業の多角化をめざして電鉄の経営を考えたようである。長男の愛一郎とともに大株主として同社の実権を握る。一九二九年七月一日には、武蔵中央電気鉄道へと衣替え（形式上は譲渡）して社長に就任、八王子〜大宮を結ぶ「大電鉄」にふさわしい名称と体裁を整えたのである。

開業と挫折

一九二九（昭和四）年一一月二三日、追分〜浅川駅前間の軌道線が開業した。軌道線は順次開業区間を広げ、翌年には東八王子から高尾橋までつながり、一九三二年四月一〇日には国鉄八王子駅前への乗り入れを実現して、軌道線八・四キロは全通をみた。

ところが、本命の大宮線は折からの不況で資金が思うように集まらず、着工することができなかった。武蔵中央電気鉄道という大きな名前とは裏腹に、八王子の小規模な路面電車に留まってしまったのである。電鉄経営の目論みが破綻し、かろうじて開業した軌道線の採算も芳しくない状況の下で社長を引き継いだ愛一郎に、電鉄経営の意欲はなかった。一九三八（昭和一三）年五月三一日限りで横山車庫から東側の区間を廃止し、残りの全事業を京王電気軌道に売却してしまう。京王に引き取られた横山車庫以西の区間も、その翌年の六月三〇日限りで運転休止となり、そのまま廃止（一二月一日付）されてしまった。開業から全廃まで僅か一〇年という幻のような電車であった。

電車の存在を語る敷石

この電車の軌道の敷石は、今も八王子市内に散在している。例えば、並木町の国道二〇号線沿いにある長安寺の参道である。入り口から本堂へと続く参道の敷石をよく見ると、レールのサビや車道のアスファルトがこびりついている箇所があり、軌道の敷石からの転用であることがわかる。参道へ転用された例は、市内長房町の慈眼寺にも見られる。このほか、民間アパー

横山付近を行く武蔵中央電鉄。道路の形状は今も同じで、往時をイメージしやすい
（八王子市郷土資料館所蔵）

並木町付近の甲州街道。中央やや右寄りを電車が走っていた

軌道の敷石が再利用されている長安寺の参道

トの駐車場に敷かれていたり、家の玄関の踏み台になっているケースもある。八王子郷土資料館前にも、保存されている敷石がある。専用軌道をもたない路面電車の場合、廃止されてしまうとその痕跡が残りにくい。こうした敷石の存在は、八王子に路面電車が走っていた証として貴重である。長安寺のすぐ東側に横山車庫があった。廃線後は長い間、京王バスの営業所として使用されていたが、現在はマンションの敷地となっている。

京王御陵線の遺産

八王子に達した京王線

八王子には、武蔵中央電気鉄道のほかにもう一つ、失われた電車の路線がある。それは京王御陵線である。開業から休止まで僅か一四年という短命な路線であったが、そんな路線がなぜ誕生したのか、その経緯をたどってみることにしよう。

京王線（開業時は玉南電気鉄道）

高幡不動境内の玉南電気鉄道の碑

が東八王子（現・京王八王子）に達したのは一九二五年であった。京王電気軌道の事実上の延長路線であるにもかかわらず、府中～東八王子間を「軌道」ではなく「地方鉄道」の別会社としたのは、地方鉄道補助法による補助金が期待でき、鉄道を渇望していた沿線有力者の資金を動員することで、初期投資の負担を回避できるとの思惑があったようだ。しかし「地方鉄道」である以上、地方鉄道法の規定により、ゲージは一〇六七ミリとせざるを得ず、京王電気軌道の一三七二ミリとは異なるため、開業しても電車は直通できず、乗客は府中での乗り換えを余儀なくされたのである。

ところが期待に反して補助金は得られなかった。別会社としておく意味がなくなり不便でもあることから、京王は同社を合併して軌道としての特許を得た上で改軌を行い、一九二八年五月二二日、直通運転を開始した。高幡不動の境内に立つ「玉南電気鉄道之碑」には、同社の生い立ちと、「不幸補助法ニ據ル補助ヲ得ズ…」など、合併に至った経緯が詳細に記されている。

御陵線の開業と休止

直通運転で利便性が増した京王線は、非電化で列車本数も少ない国鉄中央線に対して優位に立つことができたが、中央線の浅川（現・高尾）まで電化が迫っており、何らかの対抗策を考えておく必要があった。そこで登場したのが、大正天皇陵（多摩御陵）への参拝客を取り込むための路線の延伸であった。当初は、東八王子から市街地の北側を回り御陵前へ至るルートでの建設を予定したが、市街地が分断されるとして八王子市議会が反対したため、北野で分岐する南回りルートに変更された。

北野～御陵前間の京王御陵線は一九三一（昭和六）年三月二〇日に開業。新宿（当時は四谷新宿）からの直通電車も運転され、参拝客とくに学童の集団参拝などによく利用されたという。しかし、太平洋戦争末期には不要不急線とみなされ、一九四五年一月二一日に運転休止となった。空襲により多摩御陵前駅（旧称・御陵前）は全焼し、戦後も運転が再開されることはなかった。ところが、それから二〇年後、高度経済成長下で観光と宅地開発の期待を担う高尾線が建設されると、北野～山田間はその一部として復活したのだ。京王片倉駅付近で国道一六号を跨いでいるプレートガーダー（下り線側）は、御陵線時代のものが再利用されている。高尾線（北野～高尾山口間）は一九六七（昭和四二）年一〇月一日に開業した。しかし、山田から多摩御陵前に至る区間は、正式に廃止（一九六四年一一月二六日）となった。

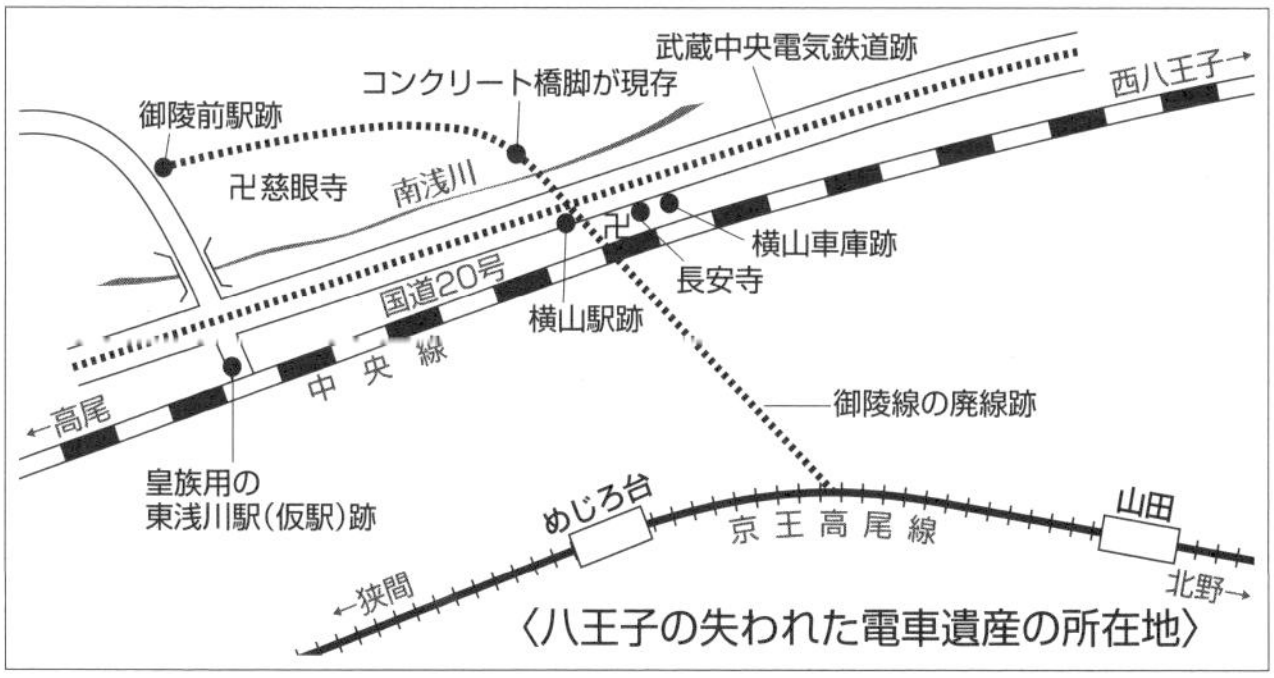

〈八王子の失われた電車遺産の所在地〉

御陵線の廃線跡を歩く

廃線区間を歩いてみよう。山田～めじろ台間で現在の高尾線から御陵線が分かれる箇所は、今も線路際の土地の形状が扇形をしており、それとわかる。その先の廃線跡は、めじろ台の住宅地から北西へゆるやかに下る大きな通りに吸収される形で、中央線との立体交差地点に向かう。中央分離帯の並木を御陵線の盛土とみなせば、往時の姿が浮かんでくるようだ。中央線との立体交差部分は、現在とは逆で、御陵線が中央線の上を跨いでいた。その先の甲州街道（国道二〇号）とのクロス地点には高架駅の横山駅が設けられていた。甲州街道の歩道橋に上れば、かつての御陵線の目線になる。すぐ下の甲州街道上を路面電車が走り、背後の横山駅には新宿へ向かう電車が停車している。そんな情景を想像してみたい。

山田～めじろ台間の御陵線「分岐点」。左手の扇形の空き地

甲州街道を越えた御陵線は、高架のまま浅川へと向かった。浅川の橋梁は痕跡を留めていないが、その先の住宅地の中に、高架線のコンクリート製橋脚が二基残っている。その先は、現在、長房団地となっている段丘上を走り、終点の御陵前へ至っていたが、廃線跡は判然としない。御陵前駅は、御陵への参道脇、参道が西へゆるやかにカーブしていく地点にあった。空襲で焼けた駅舎は御殿風の豪華なもので、庭園もあったというが、駅跡であることを偲ばせるものは残念ながら残っていない。

電鉄ブームが起こり、郊外電車が発達した時代。まだ郊外と呼ぶには早すぎる八王子においても、電車に夢を託した人々の営みがあったのである。

中央の並木の部分が御陵線の廃線跡

住宅地に残る御陵線の橋脚

民家の塀のようになっている御陵線の橋脚

第4章　地下鉄浪漫

銀座線に始まる地下鉄の歴史

地下鉄の創始

東京に初めて地下鉄が開通したのは、一九二七（昭和二）年である。これは、世界の諸都市の中ではどのような位置づけとなるのだろうか。

世界で最初に地下鉄が開通した都市はロンドンである。開業は一八六三年と古く、日本では幕末にあたる。動力は電気ではなく、蒸気機関車が用いられた。その、世界初の地下鉄を走らせた鉄道会社の名が、メトロポリタン・レイルウェイであったので、その後、「メトロ」が地下鉄の代名詞となった。東京地下鉄の愛称名も「東京メトロ」である。蒸気機関車を用いた最初の地下鉄には、排煙用の開口部（掘割状の区間）が設けられていたものの、煙には随分悩まされたようで、一九〇五年に電化された。最初から電車を運転した地下鉄としては、一八九六年開業のブダペストが最古といわれる。

現在、稠密な地下鉄路線網を有している先進国の大都市の開業年を見ると、パリが一九〇〇年、ベルリンが一九〇二年、ニューヨークが一九〇四年などとなっている。これらの諸都市と比べると、東京は二〇数年遅れのスタートということになるが、現在の東京の地下鉄の総営業キロは、都営と東京地下鉄の両者合わせて三〇四・一キロに達しており、これはロンドン（四〇八・〇キロ）、ニューヨーク（三七一・〇キロ）に次いで、世界第三位の規模（ただし、最近の報道によれば、上海が三位に浮上し、二〇一〇年内に世界最長となる見込み）である。しかし、第二次大戦前に開業できたのは、現在の銀座線にあたる路線ただ一つにすぎなかった。戦後の地下鉄大発展の礎となった銀座線。そこには、地下鉄創業時代の夢とロマン、そして先人の汗と涙が染みこんだ、様々な構造物が現存している。それらを求めて、銀座線に乗ってみよう。

東京の地下鉄創業の最大の功労者は誰かといえば、それは間違いなく早川徳次であろう。「地下鉄の父」と呼ばれる早川は、一八八一（明治一四年）年、山梨県東八代郡御代咲村（現・笛吹市）に生まれた。早稲田大学法科を卒業後、満鉄に入社したのが縁で、鉄道とのつながりができた。その後いくつかの鉄道会社に関係し、不良会社の立て直しに辣腕を振るった。

一九一四（大正三）年、交通事情研究のため渡英した早川は、ロンドンの四通八達した地下鉄網を目の当たりにして、地下鉄こそ都市交通の切り札であるという思いを抱く。さらに、他の欧米諸都市の地下鉄を視察研究して、ますますその念を深め、東京における地下鉄導入の必要性を確信するに至る。地下鉄建設の夢を実行に移すべく、東奔西走して有力者を口説き、一九一七年、東京軽便地下鉄道を立ち上げ、品川～浅草間八哩《マイル》三九鎖《チェーン》の免許申請にこぎつけた。しかし、この動きを見て、競願者が現れる。その一つの東京鉄道との合同を余儀なくされ、一九二〇年、東京地下鉄道株式社が設立された。しかし、第一次大戦後の不況に遭遇し、株金の払い込みは不調で、資金難にあえぐことになる。減資も行い、少ない資金の範囲でできるところからと、ようやく第一期線として、上野～浅草間の建設に着手したのが一九二五年九月二七日であった。この着工日は、イギリスのストックトン～ダーリントン間に、世界最初の公共鉄道が開業した日からちょうど一〇〇年目の同月同日を選んだといわれる。わが国初の地下鉄建設にかける意気込みが伝わってくるようだ。同区間は一九二七（昭和二）年一二月三〇日、ついに開業の日を迎える。

開業した本邦初の地下鉄

本邦初の地下鉄には、斬新な趣向が随所に盛り込まれていた。開業日の「中外商業新報」（日本経済新聞の前身）の記事を見ると、「車両は全鋼車で堅牢、外側は黄色に内部はクリーム色で羽目板は木目色に焼き付け体裁極めて優美なるとともに出入口の戸は自動開閉式を用い、扉の上部には特殊の装置を施して換気が充分に行われ防音装置にも非常の苦心が払われ不快な車両の音がせぬ計りでなく照明方法がよく出来ているから新聞を読むにも困らない」と絶賛している。さらに、自動改札機にも言及し、「上野と浅草の両駅にはターンスタイルという自働《ママ》改札機を取付け十銭白銅を投入するとひとりでに改札ができるようになって居る。回数券の方はバスメーターを据え付けた方へ入場し出札所を設けてないといふ凝った仕方である」と述べている。職員の制服もモダンなデザインで、駅員には美形の少年、現代風にいえばイケメンを集めたといわれる。

乗客の目には触れない所にも新機軸が打ち出されて、運転保安のためのＡＴＳ（自動列車停止装置）を当初から備えていた。「打子《うちこ》式」と呼ばれるもので、停止すべき所を進行してしまうと、線路脇から立ち上がっている打子が、台車のコックに接触し、空気ブレーキが作動して列車が停まるという仕掛けであった。銀座線では一九九三年までこの方式が用いられていた。（現在は車内信号式のＡＴＣとなっている）。

集電は、トンネル断面を小さくできる、第三軌条方式としたが、これはロンドンやニューヨークなど多くの地下鉄で採用されており、それを見習ったものであろう。軌間は東京の鉄道では珍しい一四三五ミリ（標準軌）が採用された。将来（品川まで開通した際）の、京浜電気鉄道（現・京浜急行電鉄）への乗り入れを考慮したためといわれる。

昭和浪漫漂う開業時の遺産

上野駅・稲荷町駅

地下鉄銀座線には、今なお開業時のロマンを感じさせるようなスポットが数多く存在している。

まずは、最初の開業区間である上野～浅草間を見てみよう。この区間の四駅はすべて相対式ホームの構造になっている。ホームの床や壁などは、リニューアルされており、あまり古さは感じないが、ホームに立つと目の前に見える線路中間の鋼柱は、リベットがむきだしで、他の線とは明らかに異なるレトロなムードを醸し出している。通路やホームの天井の低さも、今より小ぶりだった日本人の体型を反映（?）しているようで興味深い。もっとも、天井を低くした方が、建設費は安くて済むわけであるから、資金調達に四苦八苦した東京地下鉄道としては、必要最低限の高さを確保したということであろう。

上野駅の渋谷方面行ホームの中程に、一カ所だけ、かつての褐色の壁タイルを残している所がある。そこには、日本のモダンデザインの先駆者で、三越図案部主任であった杉浦非水（多摩美術大学の創始者の一人でもある）の手になる開業時のポスターが掲示されている。開業時のタイルに開業時のポスターという絶妙の取り合わせではあるが、よほど興味関心をもっている人でないかぎり、何のことやらわからないのではないだろうか。もう少しストレートに、「地下鉄ここに始まる」ぐらいのプレートや碑があってもよさそうな気がする。

上野駅ホームのスクラッチタイル壁と開業時のポスター

開業当初の車内風景も再現されている／地下鉄博物館

『東京地下鉄道史（坤）』によれば、地下鉄では、周囲の景観から駅を識別するわけにはいかないので、駅名表示を見なくてもすぐにどの駅かわかるように、各駅の意匠に変化をもたせ、田原町駅は側壁の色を薄青色に、稲荷町《いなりちょう》駅は薄「クリーム」色に、上野駅は特殊の「スクラッチタイル」張りとした。その「スクラッチタイル」の一部が上述のように保存されているわけだ。スクラッチタイルというのは、手掻きの縞模様（溝）がついたタイルで、昭和初期の建造物の装飾によく使われ、その時代を象徴するものである。なお、駅ごとに意匠を変えて、乗客の識別を助けるという発想は、今日の地下鉄にも引き継がれている。

　上野から一つ目の稲荷町駅。この駅の出入口上屋は、開業時と基本的に変わっていない。まず、大きな正方形のタイルを張ったモダンなデ

わが国地下鉄発祥の地、銀座線上野駅。民家の下を避けた進入路の関係でホームがカーブしている

ザインに目を奪われる。浅草方面行き出入口の上屋の背部には、丸窓風の飾り格子がつけられていて、昭和浪漫の香りを漂わせている。

一方、渋谷方面行き出入口（二つある）の上屋はスリムで直線的なデザインだが、入口の柱の上部を階段状にせり出させてアクセントをつけており、細かい所まで気を配ってデザイン

スリムだが、デザインはモダンで凝っている渋谷方面行出入口の上屋／稲荷町駅

されたものであることがわかる。設計者は、早稲田大学出身で同校教授を務めた建築家今井兼次という。信州の碌山美術館や長崎の日本二十六聖人殉教記念館の設計者でもあると聞けば、益々この上屋がただものではない気がしてくる。

上屋のすばらしさに感動しながら、階段を下りていくと、いきなり改札口とホームがある。入口からホームまでの近さ、上下線のホームを結ぶ連絡通路がないことなども、古い地下鉄らではといえよう。最近の地下鉄がひたすら深い所を走り、ホームに到達するまでかなりの距離を歩かされるのと比べると、はるかに使い勝手が良い。ホームはリニューアルされているが、先に述べた上下線の間のリベット付鋼柱は昔のままであるし、ホームの先端から、電車が走り去っていった暗闇を覗くと、やや細身のH型鋼の支柱が短い間隔でずらりと並んでおり、これは開業時の写真に写っているものと変わらない。ともあれ、稲荷町駅は、地下鉄開業時の雰囲気をもっともよく残してくれている駅であり、必見の場所であることは間違いない。

稲荷町の隣の田原町《たわらまち》駅ホームの上部、柱と梁の間の斜面（専門用語ではハンチと呼ぶよう

田原町駅の芸能紋

だ）には、花形役者の家紋（芸能紋）を集めた家紋装飾がある。現在ホームで見られるものは、ホーム改装時に新たに設置したものだが、そのような装飾は地下鉄開業時から施されており、それも、設計を担当した今井兼次のアイデアという。

味わい深い浅草駅

終点の浅草駅は、関東の駅百選に選ばれている。独立した駅舎もない地下鉄の駅がなぜと思われるが、駅全体を包みこむような一種独特な雰囲気が評価されたからであろう。浅草駅は出入口ごとに特色がある。東武浅草駅方面の改札口を出ると、左手には飲食店を中心とした地下商店街が続いている。「地下街」というより、「地下道の商店街」といった感じで、一昔前の

トンネル内には開業時以来のH型鋼柱が並んでいる／田原町駅

町並みが地下に入り、そのまま時が止まってしまったような懐かしさがある。地下商店街を進み、劣化したコンクリートがわびしさを誘う階段を上ると、新仲見世商店街に出る。アーケードの中の、商店の通路と間違えてしまいそうな目立たない出入口で、知らない人は見つけるのに苦労しそうだ。

一方、雷門、吾妻橋側の改札口前のコンコースは、柱の上部に取り付けられた装飾をはじめ、実にレトロな感じの演出がなされている。寺院の屋根を模した吾妻橋口の上屋は、開業時の姿をそのまま留めている貴重な構造物である。天井のデザイン、照明も凝っており、背面の飾り格子の中央にある「地下鉄出入口」という円形の飾り文字にも味わいがある。一方、雷門側の出入口の階段上部には、最近まで、TとCを組み合わせた「東京地下鉄道」の社章入り

レトロな雰囲気を演出している浅草駅

の龍のレリーフがあった。その上には、「地下鉄浅草駅」と大書した赤提灯が飾られ、開業時の雰囲気が感じられたが、改装後は赤提灯のみとなっている。取り外されたレリーフは地下一階に置かれているが、あまり気付く人はいないようだ。

　上野～浅草間の地下鉄は、物珍しさもあって、連日大盛況であったという。東京地下鉄道の実質的リーダーであった専務の早川徳次は、前掲の新聞記事の中で、上野～浅草間の地下鉄は、今後の地下鉄発展のための「実物教育」であると述べているが、その役割を充分果たしたといえよう。

地下鉄出入口という文字を見事に図案化した飾り格子／浅草駅吾妻橋側出入口上屋

東京地下鉄道社章入りレリーフ

出入口上の駅名入り赤提灯／浅草駅雷門側出入口

銀座線浅草駅前の地下街

開業時以来の寺院型上屋が特徴的な吾妻橋側出入口

地下鉄とデパート

副業の遺産

東京地下鉄道の上野以南の開業状況を見ると、まず、一九三〇（昭和五）年一月一日、上野～万世橋（仮駅）間が開業している。万世橋（仮）駅は、神田川の下をくぐり抜ける河底トンネルの工事に手間取ることを見越して、暫定措置としてその手前に開設したもので、地表への階段は、最初から通風口に転用することを予定していた。翌年一一月二一日万世橋（仮駅）～神田間が開通すると用済みとなり、通風口に転用された出入口跡は、現在も石丸電気前の歩道上に存在している。一九三二年四月二九日神田～三越前間、同年一二月二四日三越前～京橋間、一九三四年三月三日京橋～銀座間と進み、同年六月二一日の銀座～新橋間の開業で、一応の建設目標を達成した。

上野～新橋間にも、開業時を偲ばせるものがいろいろと残っている。万世橋（仮駅）まで開業して間もなく、上野に「帝都の新名物」が誕生した。それは、地下鉄と国鉄、京成（この時点では未開業）を結ぶ全長一キロにも及ぶ地下道である。完成したのは一九三〇年四月一日。地下鉄上野駅のコンコースには、会社直営の地下街（上野ストア）が設けられた。日本最初の地下商店街の誕生であった。上野の地下道といえば、戦争で焼け出された人々や孤児たちが雨露をしのいだ場所であったことを思い浮かべる人も多いだろう。それも含めて、歴史の匂いの染み込んだこの地下道を歩き、じっくりと眺めてみたい。

　地下街の成功に気をよくした東京地下鉄道では、上野駅正面の現在東京地下鉄本社ビルのある場所に地上九階地下二階建ての「上野地下鉄ストア」を建設し、一九三一年一二月に開業した。ビルに取り付けられた大時計は、戦前の東

上野駅地下道

京の名物の一つであった由。神田まで開業した際には、須田町交差点前に「須田町ストア」を開設し、神田駅から須田町ストアに至る地下道には「地下道市場」を設けた。このほか、室町、日本橋、銀座、新橋などに相次いで地下鉄ストアを開設しており、わが国におけるチェーンストアの先駆けとなった。地下鉄そのものが斬新な乗り物であったばかりでなく、副業にもまた斬新なアイデアが盛り込まれていたのである。

　神田駅の須田町側階段の脇には、現在も「須田町ストア」という表示がある。改札口を抜けると、低い天井の地下通路がはるかかなたまでのびている。そこが「須田町ストア」へと続いていた「地下道市場」で、通路に沿って今も理髪店など営業している店がある。店構えといい、看板といい、リベット付きの鋼柱といい、

地下道市場

神田駅に今も残る
須田町ストアの表示

タイムスリップしたような気分にさせてくれる世界がそこにはある。

デパートは地下鉄とともに

三越前駅も独特の雰囲気がある。駅名表示が他の駅とは全く異なり、煉瓦タイルの壁に、直接「三越前」という文字が張り付けられている。デパートに直結した特別な駅であることをアピールするためであろう。駅名表示の位置の壁面を横に三本の赤いラインが貫いているが、これも三越の三を意味しているという。ホームから三越デパート側の改札口へ上るエスカレーターもまた山吹色の真鍮製で、ちょっぴりぜいたくな雰囲気だ。改札口からデパートへの通路の柱もロマンチックな装いで、至る所に、他の駅との差別化が図られている様子を見ることが

高級感の漂う三越前駅のエスカレーター

三越前の駅名表示

できる。さすがは「三越前」というデパート名を冠した駅だけのことはあると、感心してしまう。デパートの北側、三井本館方面へのＡ５出入口（エレベーター用）上部に掲げられた「地下鉄入口」の文字は、レトロなデザインで、デパートの外観とこれまたよくマッチしている。

　全国の鉄道駅名で、特定のデパート名だけを付けている例はほかにはないだろう。実はこの「三越前」の駅名を付けることを条件に、駅の建設費のほぼ全額を三越が負担したのである。地下鉄とデパートの縁は深く、上野広小路の場合も、当初は駅の設置を予定していなかったのを、松坂屋が出入口の建設費などを負担することで、急遽、設計変更して駅を設けたり、日本橋では、高島屋と白木屋（後に東急日本橋店となり、一九九九年一月閉店）とで駅の建設費を負担し、銀座駅は、松屋が建設費半額を負担し

改札口前の階段を上ったところがデパートの入口になっている上野広小路駅。鋼柱をわざわざアーチのように見せている所にも、こだわりが感じられる

たという。デパートと直結することで利用客を確保でき、建設費の負担も軽減と、地下鉄にとっては一挙両得の妙案というわけだ。こんな建設の経緯があるためか、銀座線では現在も、「次は上野広小路、松坂屋前です」「次は日本橋、高島屋前です」「次は銀座、松屋・三越前です」といった車内アナウンスが流れている。ちょうどこの時代はデパートの興隆期にあたり、デパート側もまたモダンな乗り物の地下鉄との直結は、来客の足の便の確保というだけでなく、イメージアップにもつながるので、望むところであったのだろう。地下鉄とデパートの縁は深いのだ。

デパートといえば、一九三三（昭和八）年に建設された日本橋高島屋が、百貨店としては初めて国の重要文化財に指定された。クラシックな木枠のドア、真鍮《しんちゅう》格子のシースルーエレベーター、風雅な格《ごう》天井、柱や壁、階段の大理石など、見所は多い。一九二七年の建築で、内外装に工夫を凝らした日本橋三越本店とともに、銀座線と同時代の、そして銀座線と縁の深い産業遺産として、ぜひ見ておきたい。

レトロな字体の地下鉄の入口表示

東京高速鉄道の遺産

まぼろしの新橋駅

早川徳次が心血を注いだ東京地下鉄道の浅草〜新橋間開業から、一年余りたった一九三五（昭和一〇）年一〇月、五島慶太（常務）を実質的リーダーとする東京高速鉄道が、虎ノ門〜青山六丁目（現・表参道）間の地下鉄建設工事に着手する。ここに、後の「地下鉄騒動」の種がまかれたのである。

東京高速鉄道は、東京市が関東大震災後に免許を取得したものの、財政事情から建設できずにいた路線の代行建設を働きかけてきたが、ついに市の免許路線の一部を譲り受けることに成功。大倉土木の門野重九郎会長を社長に迎え、第一生命や三井、三菱など財閥のバックアップを得て、一九三四年九月に会社を設立して着工に至ったものである。地下鉄の生みの親であり第一人者をもって任じていた早川にとっては、このような参入者は好ましいものではなかったであろう。しかもその相手は、強引な買収劇を展開して首都圏の交通企業を支配下におき、「強盗慶太」の異名をとることになる五島慶太である。

東京高速鉄道は、最終的に渋谷〜新橋間を開通させ、東京地下鉄道の既設線（新橋〜浅草）につなぐことを目論んでいた。その布石として、東京地下鉄道の社長であった根津嘉一郎を取締役に迎えていたが、早川は同社の経営陣に加えられていない。

東京地下鉄道は、新橋から先は、品川に至る免許をもっており、その建設を進めようとしていた。資金面から自力での建設は困難であるため、京浜電気鉄道（現・京浜急行電鉄）と共同で、京浜地下鉄道を設立し、新会社に免許路線を譲渡する形で建設することになった。しかし、五島が、京浜電気鉄道の買収に動いたため、この計画は進展しなかった。

一九三八年一一月一八日、東京高速鉄道の虎ノ門〜青山六丁目間が開業。同年一二月二〇日には青山六丁目〜渋谷間が開業し、翌年一月一五日、虎ノ門〜新橋間の開業により、渋谷〜新橋間が全通の運びとなった。東京高速鉄道は、東京地下鉄道との接続（相互乗り入れ）を求めたが、品川へのルートを本線とみていた早川はこれを拒否。東京高速鉄道は、や

タイルの駅名表示も残っている

むなく、東京地下鉄道とは別の新橋駅を建設し、渋谷〜新橋間の電車の運転を開始した。このため両線を乗り継ぐ乗客はめんどうな徒歩連絡を余儀なくされたのである。

地下鉄騒動と早川徳次胸像

早川の東京高速鉄道への抵抗感は強く、再三にわたる接続の要求をはねつけた。結局、元来が東武鉄道の社長であり、数多くの鉄道を手がけて「鉄道王」と呼ばれた根津嘉一郎が間に入って妥協を促し、一九三九（昭和一四）年九月一六日、ようやく渋谷〜浅草間の直通運転が実現した。しかし、早川との協調は困難とみた五島は、東京地下鉄道の買収に動く。東京地下鉄道の監査役で三割の株をもつ大株主であった穴水熊雄に働きかけ、その株を買収。東京地下鉄道の過半数の株式を握り、両社の合併を図ったのである。しかし、合併問題はこじれた。一

銀座駅の早川徳次胸像

九四〇年一月、双方の仲介役を期待されていた根津嘉一郎が急逝し、早川徳次が東京地下鉄道の社長に就任したことで、対立は頂点に達する。株主会は分裂し、合併反対を唱える従業員も巻き込んで、紛争はぬきさしならない様相を呈したのである。

監督官庁もこの「地下鉄騒動」を見過ごすわけにはいかず、調停の結果、反目していた双方のリーダー、早川徳次社長と五島慶太常務はともに辞任することになり、早川は相談役に退いた。喧嘩両成敗のようにみえて、実質的には早川の全面的敗北であった。苦心惨憺して地下鉄を創り上げ、地下鉄を生涯の事業と定めていた早川が、心ならずも社長退任に追い込まれたことに同情した東京地下鉄道の社員有志は、カンパを募り、胸像を建てようと動いた。日本近代彫塑の祖といわれる朝倉文夫に制作を依頼。できあがった胸像は、一九四一年五月一七日、因縁の地である新橋駅構内に建てられたのである。その後、戦時中の金属回収により撤去されたが、戦後しばらくたってから、銀座駅コンコースに再建され、発展を続ける地下鉄の姿を静かに見守っている。なお、早川は、胸像ができあがった翌年の一一月、六一歳で失意のうちにその生涯を閉じている。

渋谷~浅草間の直通運転が開始されたことにより、東京高速鉄道の新橋駅は八カ月余りで廃止されたが、施設自体は、現在の新橋駅コンコースと壁一つ隔てた暗闇の中に、当時の姿のまま残っている。着発線は電車の留置線として、ホームは駅の業務用施設として利用されているのだ。この駅の存在については、「まぼろしの新橋駅」として、マスコミにも取り上げられ話題になったことがあるので、ご存知の方も多いのではないだろうか。虎ノ門から新橋へ向かう電車に乗り、前方を注視していれば、新橋駅に入る直前、左へカーブしていく本線から分かれて、上り勾配で直進する線路が見える。その先にホームの存在を確認することができるだろう。まさにそれは、銀座線誕生の経緯を物語る、貴重な遺構なのだ（通常は非公開で、立ち入ることはできない）。

渋谷総合駅

東京高速鉄道として開業した新橋～渋谷間では、比較的最近まで、外苑前（旧称・青山四丁目）が開業時の雰囲気を留めていたが、現在はすっかりリニューアルされて、平凡な駅になってしまった。ただし、上下線の線路の中間に立

リベットのついた鋼柱のある範囲が東京高速鉄道時代のホーム

ち並ぶリベット付き鋼柱は昔のままである。青山一丁目駅、虎ノ門駅にも同様の鋼柱が見られる。しかし、よく見ると、鋼柱があるのはどの駅も渋谷寄りのホームの中程までで、浅草寄りの半分はコンクリート柱になっている。実は、東京高速鉄道開業時には、鋼柱のある部分だけに、ホームが設けられていたのだ。電車の長さでいえば、三両分である。コンクリート柱の部分は、列車の編成が長くなるのに合わせて、後から増設されたのだ。東京地下鉄道が、将来の輸送力増強を見越して、計画当初からホームの長さを三〇〇呎《フィート》（九二メートル、六両編成相当）としていたのとは対照的である。速成を第一に考えていたためだろうか。

　東京高速鉄道の遺産として、最も重要で、見応えのあるものは、渋谷駅とその周辺であろう。地形の関係で、渋谷付近では地下からいき

旧玉電ビルを串刺しにして車庫に至る高架橋

なり高架線となり、東急東横店東館の一角に吸い込まれていく。現在の銀座線の渋谷駅は、東急東横店東館部分からＪＲ山手線を跨ぎ、東急東横店西館まで及んでいるが、当初の渋谷駅は、玉電ビルと呼ばれていた西館部分のみであった。玉電ビルの玉電とは、玉川電気鉄道のことである。同社は、すでに一九三六年に五島慶太率いる東京横浜電鉄の支配するところとなっていた。五島は、自社系列の交通企業の結節点である渋谷に、総合駅を建設して拠点となすべく、玉電ビルの建設を推進する。一九三八年一二月二〇日、できあがった同ビルの三階部分に東京高速鉄道が乗り入れ、翌年六月一日には、二階部分に玉川線（玉川電気鉄道は一九三九年四月一日付けで正式に東京横浜電鉄に合併）が乗り入れた。また、同年九月には、帝都電鉄（現・京王井の頭線）渋谷駅と玉電ビルを

地下鉄銀座線乗り場へは旧玉電ビル内の階段を上っていく。開業時から変わらない構造である／渋谷駅

東京高速鉄道以来の渋谷駅東広場架道橋

結ぶ連絡通路（橋）もできて、総合駅が完成したのである。

東京高速鉄道の渋谷駅は行き止まりの形ではなく、玉電ビルを突き抜けた後、リベット付きの巨大な鋼製橋脚に支えられた高架線で、駅前広場（道路？）を一跨ぎして車庫線に至っていた。デパートを串刺しにし、東西両方の駅前広場（道路）は高架線で跨ぐという、この基本的スタイルは、現在も変わっておらず、渋谷の都市景観の重要な構成要素となっている。なお、東側の高架橋（東広場架道橋）のプレートガーダーには、銘板が付いている。かなり高い位置にあり、ペンキが厚く塗られているので少々読みにくいが、「昭和十三年　東京高速鉄道株式会社」と記載されているように見える。そうだとすれば、歴史のかなたに消え去ってしまった「東京高速鉄道」の文字が残っている貴重な存

東京高速鉄道の100形車両／地下鉄博物館

在といえよう。

赤坂見附駅が語るもの

銀座線の駅の中で、注目したい駅の一つに、赤坂見附駅がある。同駅は、上下二段式の方向別ホームになっていて、同一ホームで銀座線と丸ノ内線の乗り継ぎができる。長い階段や地下通路を歩かされることが多い最近の地下鉄の乗り換えと比べると、この便利さは実に有り難く感じられるが、これには理由がある。赤坂見附〜新宿間は、東京高速鉄道が東京市から免許を譲り受けた路線の一部であり、同社では、渋谷〜新橋間の次に、同区間の建設を予定していた。そこで、両線の接続駅となる赤坂見附駅をこのような構造としたわけだ。

日中戦争が泥沼化し、日米関係が悪化の一途をたどるという社会情勢の下で、東京地下鉄道と東京高速鉄道の合併問題は新たな方向へと進んでいった。交通企業の整理統合を目的とした陸上交通事業調整法（一九二八年成立）の下で、東京とその周辺についてはブロック別統合の方針が定まり、旧市内の路面交通については東京市に、地下については、公共的な性格を有する特殊法人を設立して一元化することになったからである。一九四一（昭和一六）年七月四日、帝都高速度交通営団が誕生。東京地下鉄道と東京高速鉄道の既設線と免許線、東京市および京浜地下鉄道のもつ免許線を譲り受け、東京の地下鉄の唯一の担い手となった。この時代、生活物資を統制し軍需生産に力を注ぐために、ほかにも営団の形をとって設立された組織（産業設備営団など）はあったが、戦後、名称変更されることもなく二一世紀まで存続したのは、帝都高速度交通営団のみである。正式名称はともかく、一般には営団地下鉄の名で親しまれてきたが、規制緩和、民営化推進の流れの中で、二〇〇四（平成一六）年四月一日、民営の「東京地下鉄」（愛称・東京メトロ）に衣替えしたことは記憶に新しい。

さて、帝都高速度交通営団は、一九四二年六月五日、東京高速鉄道から引き継いだ免許路線である赤坂見附〜弁慶堀間の工事に着手した。赤坂見附から四ツ谷、新宿へ至る現在の丸ノ内線の一部で

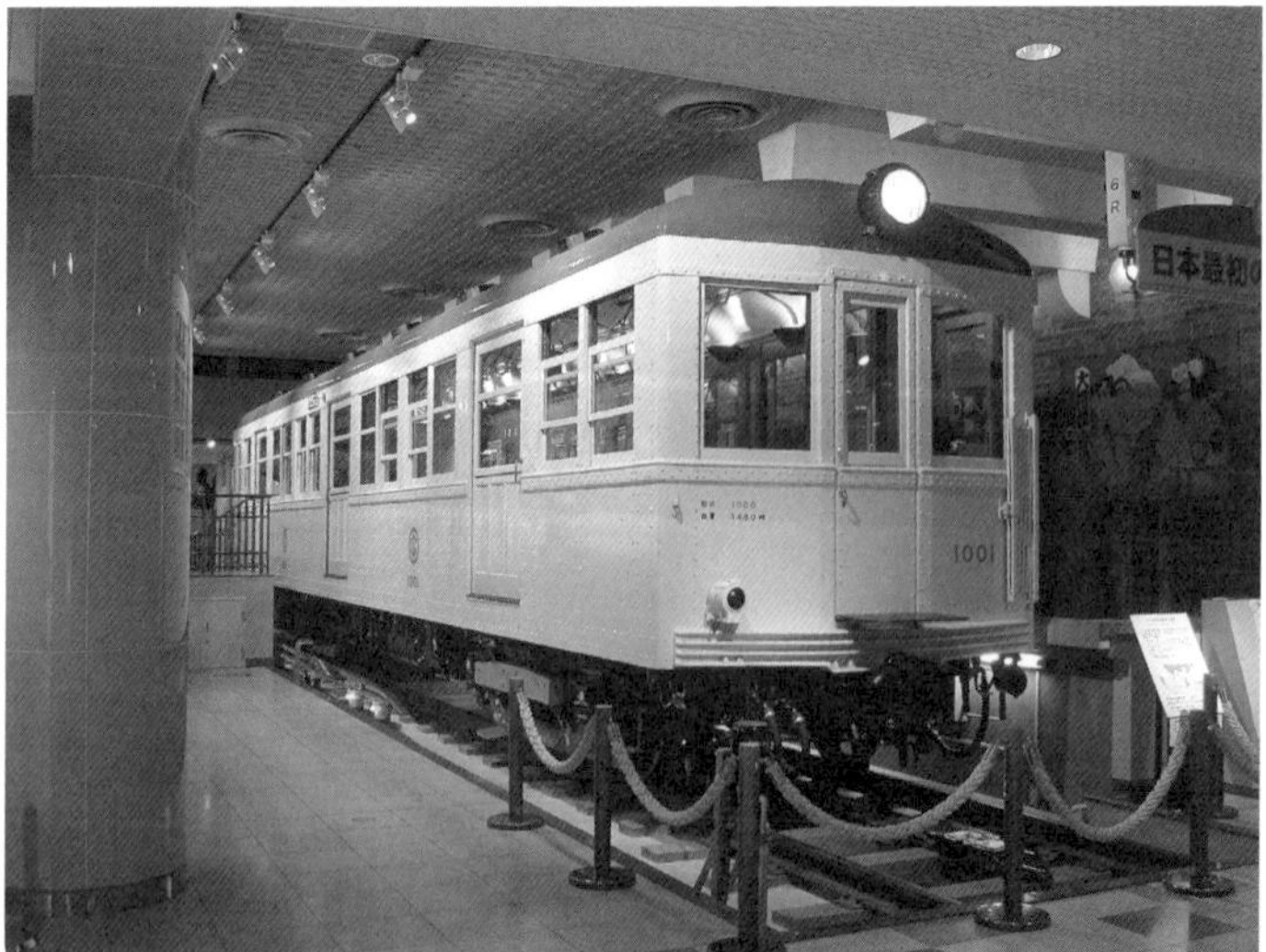

東京地下鉄道1000形1001号／地下鉄博物館

ある。しかし、その前年に太平洋戦争が始まり、戦線は拡大。物資不足が深刻化する中で、一九四四年六月、工事は中止となった。結局、一九四五年の敗戦前に開業した東京の地下鉄は銀座線ただ一つであり、一九五四年一月二〇日に、丸ノ内線の一部（池袋〜御茶ノ水）が開業するまで、東京の地下鉄イコール銀座線という時代が続いたのである。

日本の地下鉄の草分けであり、東京の都市交通の歴史に新たな一頁を付け加えた銀座線。それは東京いや日本の偉大な近代化遺産ということができるだろう。二〇〇九年、経済産業省により、日本の近代化を支えた構造物・機械類にあたるとして近代化産業遺産群の一つに認定され、また国内で初めてH型鋼を大量に使用したことなどから、土木学会の選奨土木遺産の認定（二〇〇八年）も受けている。

なお、わが国最初の地下鉄電車である東京地下鉄道の１０００形１０００１号は、東西線葛西駅高架下の地下鉄博物館で保存展示されている。内部も公開されており、開業時の上野駅ホームや、ターンスタイルの自動改札機も再現されているので、創業時代の地下鉄の様子を知るには好都合である。同館には、東京高速鉄道の１００形１２９号（先頭部のみ）も保存されている。

【参考文献】

『日本鉄道史　上・中・下』鉄道省　1921年
『日本国有鉄道百年史　1～14巻』日本国有鉄道　1969～1974年
『国鉄歴史事典』日本国有鉄道　1973年
『鉄道百年略史』鉄道百年略史編さん委員会編　鉄道図書刊行会　1972年
『日本の鉄道』原田勝正・青木栄一　三省堂　1973年
『改訂新版　資料・日本の私鉄』和久田康雄　鉄道図書刊行会　1976年
『角川日本地名大辞典・13東京都』角川書店　1978年
『鉄道路線変せん史探訪』『続鉄道路線変せん史探訪』守田久盛・高島通　集文社　1978・79年
『地図で見る東京の変遷』『地図でみる多摩の変遷』日本地図センター　1990年・93年
『人物と事件でつづる私鉄百年史』和久田康雄　鉄道図書刊行会　1991年
『多摩の鉄道百年』野田正穂ほか　日本経済評論社　1993年
『私鉄史ハンドブック』和久田康雄　電気車研究会　1993年
『東京再発見』伊東孝　岩波書店　1993年
『駅のはなし』交建設計・駅研グループ　成山堂書店　1994年
『鉄の橋百選』成瀬輝男編　東京堂出版　1994年
『江戸から東京へ明治の東京』　人文社　1996年
『停車場変遷大事典　国鉄・ＪＲ編 Ⅰ・Ⅱ』ＪＴＢパブリッシング　1998年
『多摩幻の鉄道廃線跡を行く』山田俊明　のんぶる舎　1999年
『わが国における鉄道用煉瓦構造物の技術史的研究』小野田滋　研友社　1999年
『鉄道構造物探見』小野田滋　ＪＴＢパブリッシング　2002年
『鉄道ピクトリアル　519号』「全国記念物的鉄道建築ガイド」　鉄道図書刊行会　1989年
『日本鉄道旅行地図帳　4号・関東2、5号・東京』今尾恵介監修　新潮社　2009年
『鉄道廃線跡を歩く　Ⅰ～Ⅹ』宮脇俊三編著　JTBパブリッシング　1995～2003年

〈第１章関連〉

『歌でつづる鉄道百年』高取武編　鉄道図書刊行会　1968年
『京王帝都電鉄三十年史』京王帝都電鉄　1978年
『京浜急行八十年史』京浜急行電鉄　1980年
『新橋駅の考古学』福田敏一　雄山閣　2004年
『多摩川の砂利採取と人々』立川市教育委員会　1998年
『多摩のあゆみ　88号』「国鉄下河原線」益井茂夫　たましん地域文化財団　1997年
『鉄道忌避伝説の謎』青木栄一　吉川弘文館　2006年
『鉄道ピクトリアル　634号』「大都市における貨物線と貨物ターミナルの今昔」祖田圭介　1997年　鉄道図書刊行会

『同656号』「京浜急行電鉄の産業遺産」堤一郎　1998年
『同740号』「汐留駅と東京の臨港鉄道――歴史と現状」山田亮　2003年
『同813号』「篠ノ井線の歴史と技術」小西純一　2009年
『日野市埋蔵文化財発掘調査輯報　X』日野市教育委員会　1998年
『明治期鉄道史資料　第２集（４）甲武鉄道市街線紀要』日本経済評論社　1980年
〈第２章関連〉
『RRR 1997年9月号』「鉄道建築のモダニスト伊藤滋」小野田滋　鉄道総研
『図説・駅の歴史』交通博物館編　河出書房新社　2006年
『東京駅誕生』島秀雄編　鹿島出版会　1990年
『トポス・上野ステエション』谷根千工房　1990年
『八王子のりもの百年史』清水正之　1989年
『幻の東京赤煉瓦駅』中西隆紀　平凡社　2006年
〈第３章関連〉
『明日の田園都市』Ｅ・ハワード・長素連訳　鹿島出版会　1968年
『回想の東京急行Ⅰ・Ⅱ』荻原二郎ほか　大正出版　2001～02年
『京王御陵線』馬場正　私家版　1986年
『郊外住宅地の系譜』山口廣編　鹿島出版会　1987年
『桜田機械工業60年史』桜田機械工業　1981年
『多摩のあゆみ97号』「東京の都市計画と都市鉄道」加藤新一／「八王子発まぼろしの電車」 山田俊明　2000年
『鉄道ピクトリアル　147号』「武蔵中央電気鉄道」 飯島正資　1963年
『東京急行電鉄50年史』東京急行電鉄　1973年
『東武鉄道百年史』　東武鉄道　1998年
〈第４章関連〉
『昭和を走った地下鉄』帝都高速度交通営団　1977年
『世界の地下鉄』日本地下鉄協会編　山海堂　2000年
『東京地下鉄道史 乾・坤』東京地下鉄道株式会社　1934年
『鉄道ピクトリアル　489号』「東京地下鉄道の事業とその展開」加藤新一　1987年
『同608号』「東京の地下鉄整備計画の変遷」佐藤信之／「銀座線だけが地下鉄だった」吉川文夫　1995年

東京の鉄道略年表（本書関連事項を中心に）

一八七二（明五）	六・一二	品川～横浜（現・桜木町）間鉄道仮開業
	一〇・一四	新橋～横浜間鉄道開業式典挙行（開業は翌日）
一八八二（明一五）	六・二五	**東京馬車鉄道市内軌道線新規開業（軌間一三七二㎜）**
一八八三（明一六）	七・二八	**日本鉄道（現・東北本線、高崎線）上野～熊谷間開業**
一八八五（明一八）	三・一	日本鉄道（現・山手、赤羽線）品川～赤羽間開業
一八八九（明二二）	四・一一	**甲武鉄道（現・中央本線）新宿～立川間開業**
	八・一一	甲武鉄道立川～八王子間開業
一八九四（明二七）	一〇・九	甲武鉄道新宿～牛込間開業
	一一・一九	**青梅鉄道立川～青梅間開業（軌間七六二㎜）**
	一二・九	**総武鉄道（現・総武本線）市川～本所（現・錦糸町）間開業**
	一二・二一	**川越鉄道（現・西武）国分寺～久米川（仮）間開業**
一八九五（明二八）	三・二一	川越鉄道久米川（仮）～川越間開業
	四・三	甲武鉄道牛込～飯田町間開業
	一二・二八	青梅鉄道青梅～日向和田間開業（当初は貨物のみ）
一八九六（明二九）	一二・二五	日本鉄道（現・常磐線）田端～土浦間、田端～隅田川間開業
一八九九（明三二）	一・二一	**大師電気鉄道六郷橋（川崎付近）～大師間開業（軌間一四三五㎜）**
	四・二五	大師電気鉄道、京浜電気鉄道へ社名変更
	八・二七	**東武鉄道北千住～久喜間開業**
	一二・一七	**帝釈人車鉄道（現・京成）金町～柴又間開業**
一九〇〇（明三三）	一〇・一	東京馬車鉄道、東京電車鉄道と改称（電化は一九〇三～〇四年）
一九〇一（明三四）	二・一	京浜電気鉄道六郷橋～大森間開業
	八・一	中央本線八王子～上野原間開業、甲武鉄道八王子駅は移転し接続
	九・一	**中武馬車鉄道入間川～青梅間全通（軌間七六二㎜）**
一九〇二（明三五）	四・一	東武鉄道北千住～吾妻橋（現・業平橋）間開業

一九〇三（明三六）	四・一	日本鉄道（現・山手線）田端～池袋間開業
	九・一五	**東京市街鉄道の市内軌道線開業**
一九〇四（明三七）	三・一	京浜電気鉄道、一三七二㎜軌間への改軌工事竣工
	四・五	総武鉄道（現・総武本線）本所～両国橋（現・両国）間開業
	四・五	東武鉄道曳舟～亀戸間開業（曳舟～吾妻橋間廃止）
	五・八	京浜電気鉄道品川（現・北品川）～八幡（現・大森海岸）間開業
	一二・八	**東京電気鉄道の市内軌道線開業**
	一二・三一	甲武鉄道（現・中央本線）飯田町～御茶ノ水間開業
一九〇六（明三九）	九・一一	東京電車鉄道、東京電気鉄道、東京市街鉄道合併、東京鉄道新設
	一〇・一	甲武鉄道国有化
	一一・一	日本鉄道国有化
一九〇七（明四〇）	三・六	**玉川電気鉄道新規開業（八・一一、渋谷～玉川間全通）**
	九・一	総武鉄道国有化
一九〇八（明四一）	二・一八	青梅鉄道、一〇六七㎜軌間へ改軌
	三・一	東武鉄道曳舟～吾妻橋（現・業平橋）間再開業（貨物）
	四・一九	中央本線御茶ノ水～昌平橋間開業
	九・一三	**横浜鉄道（現・横浜線）東神奈川～八王子間開業**
一九〇九（明四二）	一二・一六	烏森（現・新橋）～品川～上野間、池袋～赤羽間電車運転開始
一九一〇（明四三）	三・二七	東武鉄道曳舟～浅草（現・業平橋）間旅客再開業
一九一一（明四四）	八・一	東京鉄道の市内軌道線、東京市に譲渡
	八・二〇	**王子電気軌道新規開業**
一九一二（明四五）	四・一	中央本線昌平橋～万世橋間開業
一九一二（大元）	一一・三	**京成電気軌道押上～伊予田（現・江戸川）間、曲金（現・高砂）～柴又間開業**
一九一三（大二）	四・一五	**京王電気軌道笹塚～調布間開業**
一九一四（大三）	五・一	**東上鉄道（現・東武東上線）池袋～田面沢間開業**

一九一四(大三)	一二・二〇	東京駅開業、東京～高島町(現・横浜)間電車運転開始
一九一五(大四)	四・一五	**武蔵野鉄道(現・西武池袋線)池袋～飯能間開業**
	五・三〇	京王電気軌道(部分開業を繰り返した後)新宿追分まで開業
一九一六(大五)	六・一	京王電気軌道調布～多摩川原(現・京王多摩川)間開業
	九・一	京王電気軌道調布～上石原(現・飛田給)間開業
	一〇・三一	京王電気軌道上石原～府中間開業
一九一七(大六)	一〇・二二	**多摩鉄道(現・西武多摩川線)武蔵境～北多磨(現・白糸台)間開業**
	一二・二八	**城東電気軌道の市内軌道線新規開業**
一九一九(大八)	三・一	中央本線東京～万世橋間開業、電車の「の」の字運転開始
	六・一	多摩鉄道北多磨～常久(現・競艇場前)間開業
一九二〇(大九)	一・一	青梅鉄道日向和田～二俣尾間開業
	五・二五	鉄道省、東京砂利鉄道を買収
	九・一一	玉川電気鉄道、一三七二㎜軌間へ改軌
一九二二(大一一)	一〇・六	**池上電気鉄道(現・東急)池上～蒲田間開業**
	六・二〇	多摩鉄道常久～是政間開業
一九二三(大一二)	三・一〇	**目黒蒲田電鉄(現・東急)目黒～丸子(現・沼部)間開業**
	一一・一	目黒蒲田電鉄丸子～蒲田間開業
一九二四(大一三)	三・一	玉川電気鉄道砧線玉川～砧本村間開業
一九二五(大一四)	一・一八	玉川電気鉄道世田谷線三軒茶屋～世田谷間開業
	三・一一	京浜電気鉄道北品川～高輪間開業
	三・二四	**玉南電気鉄道(現・京王)府中～東八王子間開業**
	四・二一	**五日市鉄道(現・五日市線)拝島(仮)～五日市(現・武蔵五日市)間開業**
	五・一	玉川電気鉄道世田谷線世田谷～下高井戸間開業
	九・二〇	五日市鉄道武蔵五日市～武蔵岩井間開業
	一一・一	神田～上野間(高架線)開業により山手線環状運転開始

一九二六(大一五)	二・一四	**東京横浜電鉄(現・東急)丸子多摩川(現・多摩川)〜神奈川間開業**
	一二・四	京王電気軌道、玉南電気鉄道を合併
一九二七(昭二)	一・二一	**高尾登山鉄道清滝〜高尾山間鋼索鉄道開業**
	四・一	**小田原急行鉄道新宿〜小田原間開業**
	四・一九	西武鉄道(旧)東村山〜高田馬場(仮)間開業
	七・六	目黒蒲田電鉄大岡山〜大井町間開業
	八・二八	東京横浜電鉄(現・東急)丸子多摩川〜渋谷間開業
	一〇・二八	新宿三丁目の京王ビル竣工、新宿追分駅移転(のち四谷新宿と改称)
	一二・三〇	**東京地下鉄道(現・東京地下鉄)上野〜浅草間開業**
一九二八(昭三)	四・六	**多摩湖鉄道国分寺〜萩山間開業(一一・二、萩山〜本小平間開業)**
	六・一七	池上電気鉄道大崎広小路〜五反田間開業により全通
一九二九(昭四)	五・一	武蔵野鉄道西所沢〜村山公園間開業
	九・一	青梅電気鉄道(五・三、青梅鉄道から改称)二俣尾〜御嶽間開業
	一一・一	目黒蒲田電鉄自由ヶ丘〜二子玉川間開業
	一一・二三	**武蔵中央電気鉄道の八王子市内軌道線新規開業**
	一二・一一	**南武鉄道屋敷分(現・分倍河原)〜立川間開業により、立川〜川崎間全通**
	一二・二五	目黒蒲田電鉄大岡山〜自由ヶ丘間開業
一九三〇(昭五)	一・二三	多摩湖鉄道萩山〜村山貯水池(仮)間開業
	四・五	西武鉄道(旧)東村山〜村山貯水池前(仮)間開業
	七・三〇	五日市鉄道立川〜拝島間開業
	一二・二〇	中央線の電車運転区間、浅川(現・高尾)までのびる
一九三一(昭六)	三・二〇	京王電気軌道北野〜御陵前間開業
	五・二五	東武鉄道業平橋〜浅草雷門(現・浅草)間開業
	一二・八	五日市鉄道武蔵田中〜拝島多摩川間開業(貨物線)
	一二・一〇	**八高線八王子〜東飯能間開業**

一九三一（昭六）	一二・一九	京成電気軌道青砥～日暮里間開業
一九三二（昭七）	一二・二〇	東武鉄道西新井～大師前間開業
一九三三（昭八）	七・一	総武本線両国～御茶ノ水間開業
	四・一	京浜電気鉄道省線品川駅へ乗入れ、一四三五㎜軌間へ改軌
	八・一	**帝都電鉄渋谷～井ノ頭公園間開業（翌年四・一、吉祥寺まで全通）**
	一二・一〇	京成電気軌道日暮里～上野公園（現・京成上野）間開業
一九三四（昭九）	四・二	中央本線国分寺～東京競馬場前間開業、競馬開催日のみ電車運転
	六・二一	東京地下鉄道銀座～新橋間開業により、浅草～新橋間全通
	一〇・一	東京横浜電鉄、池上電気鉄道を合併
一九三六（昭一一）	一二・一一	常磐線上野～松戸間電車運転開始
一九三八（昭一三）	四・一	東京横浜電鉄、玉川電気鉄道を合併
	六・一	武蔵中央電気鉄道の軌道線の一部を廃止し、京王電気軌道へ譲渡
	一一・一八	**東京高速鉄道青山六丁目（現・表参道）～虎ノ門間新規開業**
	一二・二〇	東京高速鉄道渋谷～青山六丁目間開業、玉電ビル三階に乗入れ
一九三九（昭一四）	一・一五	東京高速鉄道虎ノ門～新橋間開業により渋谷～新橋間全通
	九・一六	東京高速鉄道新橋駅変更により東京地下鉄道と接続（銀座線全通）
一九四〇（昭一五）	三・一二	多摩湖鉄道、武蔵野鉄道に合併
	五・二五	帝都電鉄、小田原急行鉄道に合併
	一〇・三	五日市鉄道、南武鉄道に合併
一九四一（昭一六）	九・一	東京地下鉄道と東京高速鉄道の鉄道を帝都高速度交通営団へ譲渡
一九四二（昭一七）	二・一	王子電気軌道の軌道、旧・城東電気軌道の軌道、東京市営となる
	五・一	東京横浜電鉄が京浜電気鉄道と小田急電鉄を合併し東京急行電鉄に
一九四三（昭一八）	七・一	都制施行、東京市電（市電気局）が都電（都交通局）となる
一九四四（昭一九）	四・一	青梅電気鉄道、南武鉄道国有化
	五・三一	京王電気軌道、東京急行電鉄に合併

一九四四（昭一九）	七・一	青梅線御嶽～氷川（現・奥多摩）間開業
	一〇・一一	五日市線立川～拝島間、南拝島～拝島多摩川間休止
一九四五（昭二〇）	一・一〇	東京急行電鉄御陵線（旧・京王電気軌道御陵線）休止
	七・二四	京王線の新宿駅、省線新宿駅西口へ移転
	九・二二	武蔵野鉄道が西武鉄道（旧）を合併、西武農業鉄道と改称
一九四六（昭二一）	一一・一五	西武農業鉄道、西武鉄道と改称
一九四八（昭二三）	六・一	東急から小田急電鉄、京浜急行電鉄、京王帝都電鉄が分離独立
一九五一（昭二六）	四・一四	**中央本線三鷹～武蔵野競技場前間（通称武蔵野競技場線）開業**
一九五二（昭二七）	三・二五	西武鉄道高田馬場～西武新宿間開業
一九五二（昭二七）	七・一五	「おとぎ電車」（遊戯物）が地方鉄道の西武山口線となる
一九五七（昭三二）	一二・一七	**都営懸垂式鉄道（モノレール）、上野動物園本園～同分園間開業**
一九五九（昭三四）	一〇・三一	中央本線三鷹～武蔵野競技場前間廃止
	一一・三〇	京成電鉄の全線改軌完了（一三七二mmから一四三五mmへ）
一九六〇（昭三五）	一二・四	**都営地下鉄浅草橋～押上間開業、京成電鉄と相互乗入れ開始**
一九六三（昭三八）	四・一	京王帝都電鉄新宿駅地下化開業、併用軌道区間解消
一九六四（昭三九）	一〇・一	東海道新幹線東京～新大阪間開業
一九六七（昭四二）	一〇・一	京王高尾線北野～高尾山口間開業
一九六八（昭四三）	六・二一	京浜急行電鉄品川～泉岳寺間開業、都営浅草線へ乗入れ開始
一九六九（昭四四）	五・一一	東京急行電鉄渋谷～二子玉川園間、二子玉川園～砧本村間廃止
一九七一（昭四六）	二・一	五日市線大久野～武蔵岩井間廃止（武蔵五日市以遠の旅客営業廃止）
一九七二（昭四七）	一一・一二	荒川線区間（二七・三二系統を再編）を除き都電全廃
一九七三（昭四八）	四・一	武蔵野線府中本町～新松戸間開業
		中央本線国分寺～東京競馬場前間廃止（一部は武蔵野線へ転用）
一九八二（昭五七）	一一・一五	五日市線武蔵五日市～大久野間（貨物線）廃止
一九八四（昭五九）	五・一四	西武山口線西武遊園地～ユネスコ村間休止

山田俊明（やまだ としあき）

1950年、栃木県宇都宮市生まれ。幼少時から鉄道に興味をもち、鉄道路線図や時刻表に親しむ。1980年８月16日、上信電鉄下仁田駅（群馬県）において、国内の鉄道（国鉄・私鉄）全線乗車を達成。主な関心領域は、鉄道史および交通地理、鉄道関連の産業遺産。

著書に、『鉄道からみた中国』（築地書館）、『多摩幻の鉄道廃線跡を行く』（のんぶる舎）、『ゲージの鉄道学』（共編　古今書院）、『民鉄経営の歴史と文化・東日本編』（共著　古今書院）、『多摩の鉄道百年』（共著　日本経済評論社）、『産業遺産を歩こう』（共著　東洋経済新報社）などがある。

元公立高等学校（神奈川・東京）教諭。産業考古学会（鉄道分科会幹事・評議員）・鉄道史学会会員。東京都八王子市在住。

東京の鉄道遺産　百四十年をあるく　上　創業期篇

発行日　二〇一〇年三月一四日　第一刷発行

著　者　山田俊明
発行者　清水　定
発行所　株式会社　けやき出版
TEL　〇四二-五二五-九九〇九
FAX　〇四二-五二四-七七三六
http://www.keyaki-s.co.jp

DTP　ムーンライト工房
印刷所　株式会社　サンニチ印刷

ISBN978-4-87751-412-9
JASRAC 出 1001761-001

東京の鉄道遺産　百四十年をあるく　下　発展期篇

山田俊明

第1章　産業と水瓶のための鉄道とその遺産
青梅鉄道の遺産
五日市鉄道とその遺産
水瓶（貯水池）づくりの鉄道遺産
水瓶をめぐる鉄道の遺産

第2章　戦争の影を宿した鉄道遺産
軍施設が集中していた北区に残る軍用線跡
軍需工場の引込線から生まれた「武蔵野競技場線」
立川基地引込線の跡を歩く
鉄路に残る戦争の傷跡

第3章　私鉄の軌跡を歩く
旧市内をめざした京成の苦闘
新宿を拠点とした京王・小田急
池袋発郊外電車の誕生
玉電（東急玉川線）の跡を歩く

第4章　都電の残影を求めて
都電が消えるまで
江東地区に残る廃線跡
新宿と上野の電車道
荒川線に見る王電の遺産
都内に残る都電の遺物

第5章　駅舎とレールウォッチング
誰でも気軽に見ることができる鉄道遺産
古レールを探る楽しみ

四六判・口絵一二頁／本文二一二頁
一四七〇円（税込）